U0153552

學測生物

黃鐘慶
馬世璋
施百俊—— 著

文、理組跨領域，超高CP搶分科目！

【本書使用說明】素養就是「常識」

各位同學、家長大家好：

　　108 課綱實施以來，標榜「素養導向」（literacy-based）。其教育理論相當複雜，但簡單來說，就是要「生活化、脈絡化、跨領域」。生活化是指知識要能在日常生活中應用，脈絡化是指必須重視知識的前後一貫與因果關係；跨領域是指知識必須與其他領域知識產生關聯，能夠綜合應用。當然，這波教育改革也造成了國家、社會的「陣痛」，最大的痛點，就是大眾不熟悉「素養」這個新名詞。

　　不知道年紀較長、上一輩、上上一輩的讀者還記不記得，以前的國小教育階段有一個科目叫做「常識」（生活與常識？）。我特別查了一下國立編譯館的古籍資料，有一冊各課程題目包括：食物與營養、鴉片的毒害、公共衛生、甲午戰爭等。以今日的眼光來看，每個題目都是跨領域、生活化、脈絡化。

　　咦！那不就是素養導向嗎？也就是說──

素養就是常識！

　　為什麼我們會感到不熟悉呢？是因為在這數十年間，學術分工日漸精密，每個學科領域越來越專精的緣故。舉例而言，本來「食物與營養」一課的內容，現在被分割到化學、生物、健康……科目去了，所以，我們覺得是「跨領域」。再因為，傳授各專門學科知識的時候，也被「去脈絡化」，化學只看到分子，生物只看到細胞……；而且，充斥著專業的術語與公式，並沒有與日常生活相結合。因此，本來應該很跨領域、脈絡化、生活化的常識，被層層包裝，搖身一變成了素養。

　　抽離艱澀的教育理論來看，素養導向的考試與教學像這樣：課本裡講的是 A（知識），希望學生能夠獲得 B（素養），然後在考試中希望測出大學想要的 C（能力指標）。A > B > C 是個向後包含、越來越小的子集合，可以確實的減輕學生的負擔，讓學生自主學習——這也是 108 課綱的崇高教育理念。

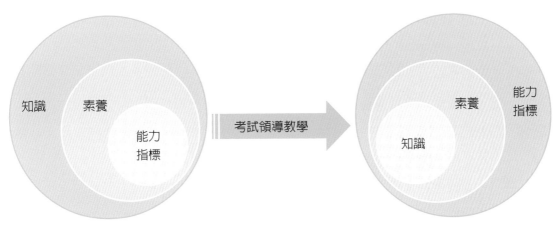

▲ **考試領導教學下的素養導向命題**[1]

　　然而，「教—學—考」三階段實務上，範圍性的層次關係卻剛好與理論設計相反：知識來自教師在課本（堂）所傳授的「文本」、素養來自學生的「生活」經驗、考題來自命題者的「想像」。而生活的範圍必然大於文本，想像的範圍必然大於「生活」。A＜B＜C 卻是一個向前包含、越來越大的母集合。也就是說，如果你光把課堂上所教的 A 學到精熟，你不一定能夠獲得所有的 B 素養；而即使你擁有完整的 B 素養，也不一定能夠應付更複雜的 C 能力測驗。所以，在這幾年的漸進式學測改革過程中，我們會看到許多的題目，根本是課本上、參考書上、命題本上都前所未見的題型；出

1　相關說明引自《學測物理（上）》，五南圖書出版。

題範圍也五花八門、上天入地，老實說，用傳統方法 —— 認真上課、讀熟課本、勤做習題 —— 無從準備起。

　　不如，要看穿這一點：考素養就是考常識。

　　因此，本書並非設計成課本的形式。市面上的課本太過視覺化，令人眼花撩亂，很難用有脈絡的方式來吸收學習；也不是一般用來摘要重點、練習解題用的「參考書」，而是想補充課綱裡想要讓你得到的「常識」（素養）。

　　要將知識轉化為素養，最重要的關鍵工作，就是「探究與實作」，除了理解課堂上所傳授的知識，如科學原理、法則、機制……以外，還要知道當初科學家是如何探究發現這個新知識，在實作的過程中，將科學探究方法內化，成為可以在生活中應用的素養，將它變成常識。舉例而言，在課堂上談到有關細胞的知識，我們還必須知道當初細胞是如何發現的？裡面各種胞器的功能為何？所使用的探究方法。進一步，可以將其應用在生活上。

　　然而，由於城鄉差距、師資、教材等資源條件不同，各校不見得能夠提供學生充足的探究與實作課程，所以我們也會在本書中儘量補足這一部分。以武俠小說的說法，就是練「內功」，而不是外在花俏的招式，因為學測不會考招式 —— 一般高中教科書（我們比對過三、四家）一定有寫的內容，就不在本書重複了。閱讀本書時，請務必先掌握課本、課堂上老師所傳授的內容。可能的話，要把課本放在旁邊一起讀，效果更佳。

　　接著來理解「學測」。它既然叫做「學科能力測驗」，就是只考「基本能力」（常識）。大考中心希望各大學將學測成績當作入學的「門檻」使用，而不是拿來鑑別學生能力。所以你會看到，近幾年來，臺大、清大等頂尖大學在個人申請階段使用學測成績篩選時，「同燈同分」的人數都很多。甚至必須舉辦第二輪、第三輪的測驗，才能區分出學生的高下。因此，本書的目標在於幫助你「過門檻」，而不是「拿高分、比人強」（那是以前的「指考」，以後叫做「分科測驗」的目的）。

　　再來談考試策略。學測採計科目已經改成「五選四（以下）」──國文、英文、數學、自然、社會，各校系最多只能採計四科。於是在教學現場，我們看到有的同學只願意準備（最多）四科，放棄掉其他一兩科。那其實是不太明智的策略。為什麼呢？你少一科成績，能選擇的科系就少很多，真的很可惜。再加上學測只考基本能力，無論你在校是自然組或社會組，大都是高一、高二都已經學過的內容。不考白不考。因此，本書的內容深度明確設定在「社會組同學也能懂」的程度，請同學千萬不要放棄考自然科，以免白白放棄了幾百個可選的科系。

　　本書的三位作者是市面上罕見的奇妙組合：黃鐘慶博士是國立屏東大學應用化學系系主任，是具有實際探究實驗經驗的生物科學家。他從大學端招生與命題的專業眼光，來提供主要理論基礎。如果將本書內容比喻成大樹，黃老師就是根本。馬世璋老師是高雄女中的王牌生物老師，他提供最新的教學方法、教材與素養導向的命題，算是本書的枝幹與花朵。而我施百俊，是國立屏東大學的教授兼教務長，熟悉大學考招

制度的變革。再加上大學聯考也考了全國前 1% 進臺大電機，所學橫跨人文社會、商業管理、科技工程，負責提供一些跨領域學習的材料，可以說是點綴本書的綠葉。我們三人一致有一個願望，希望本書能對將要參與大學學測的你有所幫助。

　　一本書的完成非僅作者之功，背後還有數十、數百人的心血與努力。所以，我們想趁此感謝五南圖書出版公司的黃文瓊主編、李敏華責編，還有當初促成本書寫作的陳念祖主編，以及所有辛苦的出版團隊。如果本書受到肯定，全是他們的功勞。如果內容有所疏漏，都是我們作者的責任，請不吝來信告知： bjshih@mail.nptu.edu.tw

黃鐘慶、馬世璋、施百俊

2021 年於臺灣

目錄 | CONTENTS

01

細胞的構造與功能

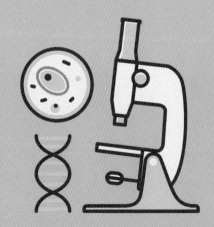

　　拆解有機生命體，我們會發現最小的獨立運作單位就是「細胞」（cell）。細胞被定義為最小的基本生命單位，負責維持生命現象的基礎過程。每個細胞皆以細胞膜（plasma membrane）建立出與外界的屏障，內部則依據真核細胞或原核細胞而有著不同的基本架構。真核細胞包含被稱為細胞質（cytoplasm）以及細胞核（nucleus）的部位，而原核細胞則是不帶有被核膜所包覆的細胞核。細胞內結構則稱為胞器（organelles），懸浮在細胞質中。每個胞器都有特定的組成形式，不同的胞器可執行特定功能以實現此生命最小基本單位的不同運作程序。當然，代代相傳的生物遺傳物質也存在於細胞內。

1-1　細胞的構造

對應課綱	
學習內容	學習內容說明
BDa-Vc-1 不同的細胞具有不同的功能、形態及構造。 BMb-Vc-1細胞學說的發展歷程。	1-1 藉由探討細胞學說的發展，了解學說形成的科學歷程及細胞學說的重要性。學習內容可與次主題「細胞的構造與功能」整合，以達到概念的完整性。

　　細胞是生命基本結構單位，所有生物都是由細胞組成，而這些形形色色的不同生物可以是由單個細胞（單細胞生物，例如 ：細菌）或多個細胞（多細胞生物，例如：

人類）所組成，因此我們可以說細胞是所有生物的基石。

　　細胞構造鬼斧神工，令人歎為觀止。且細胞整體運作極為複雜而精密，其內部各組件可分別執行各種功能，例如：各種不同的胞器或懸浮在細胞質中的蛋白質等，除應該進行的各功能必須在合適的調控下穩定進行外，各組件也必須要相互協調，細胞整體才會正常運作。一旦有某組件無法正常運作，可能危及細胞本體。若把細胞想像為一間公司，公司下有各種不同的部門，比如說研發、銷售、營運、財務、法律等，各個部門負責的工作性質都不一樣，各部門除了都要執行自己本身的任務外，也常需要橫向交流溝通，公司才能維持良好的營運狀態。若一個部門產生危機而無法及時處理，最終可能導致公司關門大吉。

　　回顧科學史，細胞的發現是科學領域上重要的里程碑之一。這項發現是幫助我們了解生物是由細胞組成的起始點，進而以科學方法解開細胞構造與功能，以便更清楚解析生命現象。

　　羅伯特‧虎克（Robert Hooke）是史上首位成功觀察到細胞結構的科學家，他於 1665 年以自行製作的複合顯微鏡觀察軟木薄切片，觀察到這些微小的空洞結構。在他眼中，這些結構形狀類似修道院僧侶所居住的單人房間，因此，虎克用單人房間的 "cell" 一詞命名。而這些結構其實是植物細胞死亡後所留下的細胞壁。試想，在前無古人的狀況下，能蒐集文獻資料進行顯微鏡製作並觀察到細胞結構，可說是一項劃時代的科學進展。當時虎克也留下《微物圖解》（*Micrographia*）這本書，記錄了包括上述軟木薄切片細胞壁結構，以及其他使用顯微鏡所進行的觀察。

　　與虎克時期相近，雷文霍克（Anton van Leeuwenhoek）以自行磨製鏡片的方式

提升顯微鏡性能，並在自製顯微鏡下以更高的放大倍率觀察許多對象，其中就包含牙垢、精細胞及水中微生物等。在雷文霍克他鉅細靡遺的觀察下，有許多游動的微小生物散布在水滴樣本中，並表現出某種形式的運動。自此開啟了微生物學的研究大門，他也被後人稱為「微生物學之父」。

細胞學說

　　顯微鏡的使用及技術提升，是發現細胞及其運動性的主要關鍵。在 17 世紀虎克及雷文霍克等科學家的時代，以顯微鏡下觀察並記錄了許多不同型態的細胞，也奠定後續細胞學說建立的基礎。德國植物學家許來登（Matthias J. Schleiden）於 1838 年發表論文指出，植物體的各個不同部分皆由細胞或細胞衍生物所組成。他率先提出細胞為植物體結構基本組成單位之重要概念。1839 年，德國科學家許旺（Theodor Schwann）在其著作《動植物結構和生長一致性的微觀研究》（*Microscopical researches into the accordance in the structure and growth of animals and plants.*）中，將前述植物細胞概念擴展到動物身上，指出細胞為動物及植物結構之基本組成單位。1855 年，德國科學家魏修（Rudolf Virchow）根據波蘭裔德國科學家雷馬克（Robert Remak）於 1852 年所發表新細胞是以細胞分裂之過程衍生自其他細胞的實驗證據，歸納出所有細胞都來自於已存在細胞（all cells arise from pre-existing cells）的論點，至此，細胞學說成形。細胞學說可簡要歸納如下：

　　地球上的所有生物體都是由細胞組成的。

　　細胞是生物體的基本單位。

細胞均由先前已存在的細胞分裂而形成。

生命現象的定義

　　生物學為一探討生命現象的科學，探討方式包羅萬象，從巨觀的生態環境到微觀的分子作用，皆可對生命現象做出解釋。然，回歸一般認知生物體之生命現象，主要包含代謝、生長、感應以及繁殖。

　　代謝（metabolism）意指維持生物體生存狀態有關的所有化學反應，大致可分為分解代謝及合成代謝兩類。分解代謝（catabolism）是指細胞中相對較大的分子被分解的程序，比如：由澱粉分解為葡萄糖的過程，而合成代謝（anabolism）是指由相對簡單結構的分子在細胞中形成相對複雜分子的程序，比如：由葡萄糖形成澱粉的過程。

　　生長（growth）在定義上指生物體的細胞增大或數量增加，而探討生長過程亦常伴隨探討多細胞生物從單個細胞（合子）發展成許多不同細胞類型的集合體，形成組織和器官等的發育（development）過程，此過程即是大眾所認知由簡單至複雜的「細胞→組織→器官→系統→個體」生物體組成層次的架構。

　　感應（response）意指生物體可對環境的刺激或變化做出反應。例如：某些單細胞生物具趨光性，比如眼蟲在一般強度的光照下會朝光源運動；人可將自己的手反射性地從碰觸高溫處快速收回；某些植物會向有陽光的地方生長，比如向日葵有向日性等，都是感應的例子。

　　繁殖（reproduction）則是指生物體可藉由繁殖作用產生新的生物體，可分為有

性（sexual）繁殖以及無性（asexual）繁殖。在有性繁殖過程，兩個親代生物體產生的精子和卵細胞，各含有一半的遺傳資訊。兩種細胞融合後，形成一個具有完整遺傳資訊的新個體。無性繁殖則是指在未經有性過程交換遺傳訊息，所發生的繁殖現象，只需要單個親代生物體即可完成，比如一個細菌分裂成兩個細菌，即可繁殖。

跨領域素養 ▶▶ 生命的本質

跨領域大師司馬賀說，這世界上只有四門重要的學問[2]：

一、宇宙的起源為何？

二、物質的起源為何？

三、生命的本質為何？

四、心智的本質為何？

其中，生物學主要專注於第三個問題：生命的本質。

如果依研究對象的尺寸，由小而大，我們大致可以說：原子尺寸以下，極小的世界，屬於物理學的研究範圍。從原子到分子尺寸，大致屬於化學的研究範圍。再大一點，有些分子形成了「細胞」這種特殊結構，能夠表現出生命現象，進而組織成生物個體，屬於生物學的範圍。將視野拉到地球的尺寸，那就是地球科學的研究範圍。超過地球的大小，以至於太陽系、銀河……全宇宙，則又回到物理學的管轄範圍。

也由於研究尺寸的關係，生命現象並沒有統一的定義。課本裡主要談到四種特徵：代謝、生長、感應以及繁殖，分別不再複述。如果你去查維基百科，則會得到通常具

2　《學測物理（上）》，p. 009。

備七項特徵[3]，才會被稱為生物。除了以上四項，還有：

體內平衡：能夠自我維持身體的穩定狀態，調節體內環境以維持化學平衡。比如，恆溫動物能保持體溫。

組織性：身體由細胞所組成，還能自我組織、修復。比如通常你的皮膚上有小傷口，都能自動癒合、復原。

適應：有能力對環境變化作出反應。對生物群體而言，則是透過遺傳。

然而，這七項特徵不見得每種生物都有，也可以說，生命現象的定義並不完備。

生物當中，有一種卓爾不群，號稱為萬物之靈，那就是人。人的心靈、思想與行為，泛指個體或群體，則屬於人文（科）學（Humanities）的研究範圍。至於，人文學科能不能稱之為科學？我們在《學測物理》中有詳盡的論述，此書還沒買來讀的同學請快！

由於人在生物中的特殊地位，所以，（人的）生命（現象）定義就更趨深奧與複雜，屬於人文學的討論。最核心的論述就是，生命是否擁有自由意志？

且讓我們回顧科學發展史，16世紀的科學家笛卡兒就曾提出「機械論」，認為「只用質點和運動就能探討物質世界」[4]。加上本章所提，生物是物質（細胞）構成的。這兩個信念結合起來，我們就可以說，生物只不過是一個設計精巧的機器。生命現象則是這個機器服膺幾條重要物理定律（牛頓三定律、電磁學、量子論等）所表現出來的功能。生命的本質純然「唯物」，並沒有物質以外的特殊存在。

3　維基百科：生命現象。
4　《學測物理（上）》，p. 015。

　　自由意志不存在，也就沒有所謂的靈魂。物質並不會「自主」行動，它只會「被動」由物質世界的環境條件推動。舉例而言，蘋果不會自己「想要」從樹上掉下來；而是被地球的重力吸引，才被動地從樹上掉下來。

　　學習生物學時，特別應該留意這個科學哲學觀點，時時把握於心。因為，敘述生命現象時，常常會使用「物質＋行動」的句型。比如：細胞膜防水、蛋白質傳送訊息、分子剪刀剪開 DNA……。同學很容易會誤以為、想像成這些物質構造會主動行動，具有自由意志呢！而其實，這些現象都是因為環境中電位差、濃度、密度、分子結構、分子間作用力等所造成的，完全遵循著我們在物理課、化學課學過的科學原理，並沒有其他什麼神祕的東西在作用。

　　當然，講到這應該會有人質疑、大聲抗議了！生命的本質如果這麼唯物，我們活在世上有什麼「意義」！（電影《艋舺》的臺詞：「意義是啥咪！我只知道義氣。」）

　　這就牽涉到跨學科之間，經常會有觀念、名詞定義上的混淆問題了，超出學測的範圍，暫且存而不論，你的人生旅途還很漫長，日後慢慢思索吧！

　　司馬賀提出的第三個問題，還沒有標準答案。

細胞的架構

　　細胞有許多不同的類型、大小和形狀，具有不同的功能，然以其基本架構來分類，可以分為真核細胞及原核細胞兩種。

　　真核細胞基本架構由三部分組成：細胞膜、細胞核，以及介於兩者之間的細胞質；細胞質中充滿細纖維排列以及為數眾多的胞器，比如人類的細胞。

　　原核細胞的基本架構則具備細胞膜與細胞質,細胞質之內涵與真核細胞之細胞質差異大,不具有被核膜所包覆的細胞核,且大多數原核細胞具有細胞壁。比如,細菌的細胞。

細胞的大小與型態

　　細胞類型眾多,不同類型之間呈現出相異的大小與型態。典型細胞大致偏小,如此可具備相同體積下有較高表面積之特性,有利於與細胞外環境或其他細胞進行交互作用。細胞尺寸一般以微米（μm, 10^{-6} m）來計算,如大腸桿菌長度大約為 2 微米、紅血球直徑大約為 7 微米。在思考細胞的尺寸時,你可以記住以下類比:正常人的身高大概相當於 10 萬個細胞（數量級）堆疊起來。如果一個細胞是一個成人大小,那一個成體大約就是臺灣的大小。

　　然而,也有細胞是在肉眼下可清楚看見的,如斑馬魚的卵細胞及雞蛋內的卵細胞等。比如,鴕鳥蛋是目前世界上已知最大的生物單一細胞。

　　細胞型態呈現多元性,且常與其功能有關聯,如骨骼肌細胞長梭狀的型態,配合內部主要蛋白質（肌動蛋白、肌凝蛋白及其他結構蛋白）精密交疊且規則的排列,就易於執行肌肉收縮的功能。

原核細胞

對應課綱	
學習內容	**學習內容說明**
BDa-Vc-2 原核細胞與真核細胞的構造與功能。	2-1 簡介原核細胞與真核細胞的基本構造。 2-2 簡介真核細胞內具有多樣的構造，以進行不同的功能。 2-3 簡介細胞質中的構造包括內質網、高基氏體、液泡、核糖體、粒線體及葉綠體。 2-4 藉由真核細胞模型的操作、觀察與解說，綜合所學知識與技能，理解整體細胞中各構造的功能與關聯。

在以下說明細胞構造時，可能會用到許多分子名稱、功能等，相當複雜。如果在本書找不到說明，請參考《學測化學》一書。

什麼是原核細胞（prokaryotic cell）？

原核生物是歸屬於細菌和古細菌域的單細胞生物，是迄今為止已知最早的單細胞微生物。原核細胞英文詞 prokaryote 源自於希臘語，"pro" 原詞涵義為 "before" 指在什麼之前，而 "karyote" 原詞涵義為 "nut" 或 "kernel"，皆為核心之意。兩者合併成一字，則有演化出細胞核之前尚無細胞核之字義。

原核細胞沒有被核膜包覆的細胞核，細胞質內也「沒有」像真核細胞內具有由生

物膜所形成的膜狀胞器（如內質網、高基氏體、溶酶體等胞器），相對於真核細胞來說，構造較為簡單。我們大致上可將主要的原核細胞結構由外而內拆解如下：

細胞壁：位於原核細胞的外層。大多數細菌的細胞壁都含有肽聚醣（一種連接糖和多肽的聚合物）。肽即胜肽，是一種小生物分子，尺寸介於胺基酸和蛋白質之間。胺基酸是構成生物巨分子蛋白質的基本單位，可以長鏈連結。

細胞壁扮演賦予細胞形狀與保護細胞之角色，並防止細胞在吸水過程時脹破，植物和動物最大的分別在於植物細胞有細胞壁。原核細胞也有細胞壁，但和植物細胞結構相當不同；也有少數的原核細胞特例沒有細胞壁，如黴漿菌（被黴漿菌感染很難治好喔，要小心）。

細胞膜：細胞膜以半透膜之形式建立出與外界的屏障。此一膜狀構造包覆細胞質，可調控物質進出細胞。原核細胞與真核細胞之細胞膜基本架構相近。

細胞質：細胞質主要為由水構成之凝膠狀成分。內容物大致包含各式的酶、鹽分子、有機分子等。核糖體亦散布在細胞質中，扮演參與蛋白質合成之重要角色。若與真核細胞進行比較，會發現原核細胞在細胞質的範圍內，沒有像真核細胞具備如內質網及高基氏體等這類膜狀結構的胞器，當然，原核細胞內沒有細胞核。

擬核區：由於沒有核膜將遺傳物質包覆在一獨立空間內，因此原核細胞的遺傳物質也是存在於細胞質中的一個區域，此區域稱為擬核區。

此外，在某些原核細胞上，也可以發現下列構造：

莢膜：除細胞壁外，莢膜是細菌細胞中發現的另一種具黏性的外部保護層，組成成分主要為多醣。莢膜結構有助於保持水分，也可以抵禦宿主免疫系統之攻擊，

並幫助細胞附著在營養物或物體表面上。科學史上著名的格里菲斯實驗（Griffith's experiment）證明了「DNA 轉型」（DNA transformation）的存在，實驗即利用莢膜有無的表現性狀，呈現出 DNA 轉型之過程可將原本粗糙無害的細菌（無莢膜）轉變為光滑的致病細菌（有莢膜）。

　　線毛：線毛是附著在細菌細胞表面的類似頭髮的結構，具有不同功能角色，如可將細菌附著在物體表面上。比如，性線毛則可協助將兩個細菌細胞結合在一起，以接合生殖之過程讓 DNA 在兩者之間轉移。

　　鞭毛：這些鞭狀的長結構是原核細胞最易見的表面突出結構，可像螺旋槳一樣旋轉，有助於細胞在水溶液環境中運動。原核細胞之鞭毛構造與運動方式跟真核細胞之鞭毛完全不同。

　　質體 DNA：質體 DNA 是獨立於染色體外的 DNA 結構，其複製過程也是獨立於染色體。質體 DNA 攜帶少量非必需基因，可以轉移到群體中的其他原核生物。整體結構依據質體 DNA 上所帶有的不同基因特性，可具備許多不同功能。某些特性有助於原核生物的生存，最常看見的例子即是與抗藥性（抗生素）有關的 R（Resistance）基因。若質體 DNA 帶有能讓細菌對抗抗生素的 R 基因，在群體間交換時，可以快速地使群體對目標抗生素產生抗藥性，這就是所謂的「超級細菌」。此一特性對細菌本身有益，但以人類醫學治療觀點來看，就沒那麼好了，可能會造成治療有害細菌感染時之抗生素選擇性降低。

　　原核細胞之生殖方式主要以二分裂法行無性繁殖。在二分裂過程中，生物體首先複製其遺傳物質（DNA 分子），然後隨著細胞膜的延伸，複製而成的兩份遺傳物質彼

此分開為兩部分（細胞質分裂）。每個分裂出的生物個體都分配到一組遺傳物質，在此同時細胞中央的細胞膜和細胞壁向內生長，形成隔膜，將細胞質分成兩半，最終形成兩個子細胞（有點像是將麵糰從中撕成兩半的過程）。

真核細胞

對應課綱	
學習內容	學習內容說明
BDa-Vc-2 原核細胞與真核細胞的構造與功能。	2-1 簡介原核細胞與真核細胞的基本構造。 2-2 簡介真核細胞內具有多樣的構造，以進行不同的功能。 2-3 簡介細胞質中的構造包括內質網、高基氏體、液泡、核糖體、粒線體及葉綠體。 2-4 藉由真核細胞模型的操作、觀察與解說，綜合所學知識與技能，理解整體細胞中各構造的功能與關聯。

　　真核細胞的基本架構由三部分所組成：細胞膜、細胞質以及細胞核。其英文名稱 eukaryote 一樣源自於希臘語，"eu" 原詞有 "good" 和 "well" 之涵義，而 "karyote" 原詞具 "nut" 或 "kernel" 皆為核之涵義，兩者合併後有明確定義的核之意義。因此，與原核細胞相比最明顯的結構差異為真核細胞具有被核膜包圍的核。此外，真核細胞的細胞質具有許多功能不同之胞器，也是原核細胞所缺乏的。

　　細胞膜：細胞膜存在於所有細胞，具半透膜的特性，將細胞內部與外部環境分隔開，同時可控制物質進出細胞。從結構上來說，細胞膜主要由脂質及蛋白質構成。磷脂質為細胞膜中主要的脂質，具有親水端與厭水端，形成細胞膜或其他膜狀構造時會以雙層磷脂質的形式，將厭水端聚集於膜的內部；而親水端朝向膜的兩側，以面對細胞內外兩邊的水溶液環境。個別磷脂質在適宜溫度範圍內可在膜的結構上維持轉動與橫移的運動性，也造就膜的流體特性。細胞膜上另一個主要成分蛋白質，則是以不同形式鑲嵌或附著在細胞膜上，種類相當多。不同種類的蛋白質之間有著不同的結構與功能，有些蛋白質跨膜形成通道提供物質如離子、胺基酸或葡萄糖的進出；有些則是扮演傳遞訊息的角色。在細胞膜上亦可發現醣類的存在，結合於蛋白質或是脂質上。一般認為，細胞膜上的醣類可參與細胞識別與粘附等作用，並具備物理屏障的功能。

　　細胞核：細胞核的有無為辨識真核細胞（有核）與原核細胞（無核）的主要條件，在組成構造上由最外圍的核膜包覆著核質、染色質以及核仁等部位而形成。核膜為雙層膜構造（細胞膜為單層膜構造），膜上具有許多由蛋白質複合體組構而成的孔道，稱為核孔，具有提供特定物質進出細胞核的功能。核質為細胞核中的凝膠狀基質，與細胞質基質相近，染色質及核仁則散布於核質中。染色質則是由 DNA 與蛋白質組構而成的細絲狀物質，染色質中的 DNA 為眾所皆知的遺傳物質，而染色質中蛋白質的主要功能則是協助 DNA 形成不紊亂的纏繞結構（可想像為陀螺與線的纏繞），染色質在細胞分裂時會聚縮成更加緻密且可在光學顯微鏡下觀察到的染色體結構。核仁則是富含 RNA 及蛋白質的顆粒狀結構，為形成核糖體次單元的場域，核糖體次單元在通過核孔進入細胞質後，可組裝形成完整的核糖體，核糖體可執行蛋白質生合成的功能。

細胞質：在真核細胞中，細胞質是指在細胞核外和細胞膜的範圍內，所充滿著的半黏性膠狀基礎物質。主要由有機分子、鹽、水組成，並散布著核糖體、細胞骨架，以及各式不同的胞器，各自掌控細胞內不同的工作。

核糖體：核糖體是蛋白質合成的主要部位，由蛋白質和核糖核酸（RNA）組成。核糖體可漂浮在細胞質內，或附著在內質網上以製造蛋白質。此兩不同位置也影響蛋白質之後的修飾、運送途徑與終點。

內質網：內質網有兩種不同形式，一種結構形狀為扁平囊狀，表面有核糖體附著，稱為粗糙內質網。另一種表面光滑呈管狀，稱為平滑內質網。這些膜狀構造形成連續性褶皺，最終連接於核膜的外層。內質網功能多元，粗糙內質網主要功能與蛋白質合成、修飾及運送有關；而平滑內質網主要功能則包含脂質代謝、肝醣分解作用、解毒以及鈣離子儲存等。

高基氏體：高基氏體是一種扁囊結構，形狀類似甜點店中的「鬆餅」堆疊在一起，通常包含四到八個扁囊。高基氏體主要功能與蛋白質的修飾、運送及分泌有關。高基氏體從內質網接收蛋白質，進行如糖基化之修飾作用，並將其包裝成膜狀囊泡。然後，扮演分類轉運站的角色，將蛋白質運輸到各個目的地，例如：溶酶體、細胞膜或分泌至細胞外。

溶酶體：溶酶體為動物細胞中常見之胞器，內部為酸性環境，具有不同水解酶分別可分解蛋白質、脂質、碳水化合物和核酸等，主要負責分解來自細胞內和細胞外的物質。

粒線體：粒線體是非常重要的耗氧胞器，被稱為「細胞的發電廠」（其實比較像「充電站」，後面會說明）。粒線體藉由生物進行呼吸作用而發生的化學能，合成三磷酸腺苷 ATP。ATP 進而驅動細胞內許多生化作用。粒線體為雙層膜所形成之胞器，由平滑的外膜和明顯有皺褶折疊的內膜所形成，本身就含有 DNA 以及核糖體。

葉綠體：葉綠體可在植物和光合藻中發現。只有少數原生生物及原核細胞生物具有葉綠體，而動物沒有葉綠體。葉綠體的工作是進行光合作用，利用光能將二氧化碳行「固碳作用」轉換為醣類，以供植物細胞本身使用，或以生產者之角色被食用植物的動物所消耗。葉綠體也是雙層膜胞器，具有外膜和內膜，葉綠體內部具有稱為類囊體的盤狀膜構造，以相互連接堆疊的形式排列成葉綠餅。類囊體中空，內部的空間稱為類囊體內腔。類囊體外至內膜之間則充滿著稱為基質的液體。類囊體的膜含有可蒐集光之複合物，其中包括葉綠素。葉綠體本身含有 DNA 以及核糖體。

液泡：液泡是膜狀胞器，存在於植物和真菌細胞以及一些原生動物、動物和細菌細胞中。在動物及酵母菌細胞中，液泡通常被用來當成是暫時儲存和與進行運輸流程相關的胞器。而在大多數成熟植物細胞中，會有一個單一且巨大的液泡占據在細胞中央，讓細胞質被擠壓到只能以狹小的空間存在於液泡跟細胞膜之間。液泡內含有相對高濃度的溶質，因此水會傾向於朝液泡移動，提供植物膨壓，可以協助維持植物挺立的狀態。

組成生物體的成分

　　生物可分為原核生物及真核生物，雖然其型態跟基本構造有很大的不同。若是我們從化學角度來觀看，會發現無論何種種類之細胞，其實是由許多不同化學成分所組成。可以分成無機化學物質（不含碳）及有機化學物質（含碳）。無機化學物質大致上包含水與無機鹽，而有機化學物質主要可分為蛋白質、核酸、醣類以及脂質。而這些生物巨分子則是各自由一些不同基本單位，如胺基酸、核苷酸、單醣及脂肪酸等所組成。

　　蛋白質：蛋白質組成之基本單位為胺基酸，而可用於生合成蛋白質之胺基酸共有二十種。蛋白質在生物體內可執行許多功能，角色相當多元且重要，例如：具有催化功能之酵素、維持細胞外型及架構之結構性蛋白質（如細胞骨架）、提供細胞動力之蛋白質（如鞭毛）、具防禦功能之蛋白質（如抗體）、具有運輸傳送物質功能的蛋白質（如鈉鉀幫浦）以及具有訊息接收與傳遞功能之蛋白質等。

　　核酸：核酸主要可分為去氧核糖核酸（DNA）以及核糖核酸兩種（RNA）。核酸組成之基本單位為核苷酸，而核苷酸則是由核糖（五碳糖）、磷酸基以及含氮鹼基所組成。含氮鹼基又可分為嘌呤及嘧啶兩種。華生（James Watson）以及克里克（Francis Crick）所解出之 DNA 雙股螺旋模型，兩股之間的連結即是由含氮鹼基之配對所決定。DNA 主要角色為遺傳訊息儲存形式，而 RNA 則主要扮演基因調控（如microRNA）與蛋白質生合成（如 mRNA）的角色。

　　醣類：醣類組成之基本單位為單醣（如葡萄糖），單醣可組成雙醣以及多醣，也可稱呼為碳水化合物（$C_n(H_2O)_n$）。醣類主要角色為能量儲存（如植物之澱粉以及動

物儲存在肌肉與肝臟之肝醣）以及形成細胞部分結構（如纖維素形成之細胞壁）。

　　脂質：相較於蛋白質、核酸以及醣類，脂質跟前述三者之聚合方式有較大之不同。且不同脂質在結構、化學性質以及功能上也有著蠻大的差異性。脂肪酸是在許多脂質扮演組成單位之一的角色。脂質在生物體上有著多重之功能，如能量儲存（如三酸甘油酯）、生物膜主要構造（如磷脂質）以及賀爾蒙形成之起始物質（膽固醇）等。

1-2　細胞與能量

　　所有細胞都需要能量，來驅動細胞內的各式反應，如生合成化學反應以及細胞內代謝、運動、產熱維持體溫以及物質攝取與運送等的活動。而能量就儲存於 ATP 中，就像電動車的能量儲存於電池。

　　能量可驅動產生特定的物理或化學變化，絕大多數生物都有其能力去獲取、儲存及使用能量，以維持生命所需的一切活動。從能量獲取的角度來看，大多數生物可被分類為光自營生物以及化學異營生物，僅有少數為化學自營生物或光異營生物。差異在於，光自營生物可使用特定的機制將來自陽光的能量轉換為可儲存之化學能以供使用，例如：常見的綠色植物行光合作用將二氧化碳轉變為醣類；而化學異營生物例如大腸桿菌，則是需要藉由攝取及分解化合物如碳水化合物、脂質或蛋白質來獲取能量。

能量形式轉換與利用

　　不管是自營生物還是異營生物，細胞內都必須要進行各式不同的代謝作用，來維

持生命正常運作。而部分的代謝作用就包含了進行能量儲存、轉換或利用之過程。代謝作用一般可分為同化（合成）代謝與異化（分解）代謝。同化代謝為細胞內將簡單的分子藉由反應結合形成較複雜的分子，此過程為吸能反應，意即此反應不是自發而是需要能量來進行。異化代謝則是指細胞內將複雜分子分解成相對簡單分子之反應程序，分解後之簡單分子可提供其他生合成反應的合成基質，且異化代謝過程釋放出化學能量，可用以驅動其他細胞內反應。

　　以動物內醣類代謝途徑為例來簡單解釋同化代謝與異化代謝，當動物攝取含澱粉的食物後，會經由消化系統分解澱粉為葡萄糖小分子，並在血液中循環，待葡萄糖經由細胞吸收後，細胞內便可經由異化代謝作用將葡萄糖分解成更小的二氧化碳及水分子，同時釋放出化學能量。若動物攝取之食物超過個體現況需求，骨骼肌細胞或肝臟細胞可將過多之葡萄糖經由需消耗能量之同化代謝作用，合成較大分子的肝醣，積累儲存於細胞中，待後續需要時使用。

腺苷三磷酸（ATP）之概念

對應課綱	
學習內容	學習內容說明
BDa-Vc-3 ATP 是提供細胞生理作用所需能量的直接來源。	3-1 說明 ATP 可以提供細胞生理作用所需能量，不涉及 ATP 分子結構式。

　　以葡萄糖當成能量來源，在細胞內經由異化代謝作用將葡萄糖分解時，並非直接釋出細胞內各項活動所需之能量，而是主要會以腺苷三磷酸（ATP, adenosine triphosphate）將所釋放出之能量以化學能的形式儲存備用。這個概念就像是水力發電廠利用水的位能轉換成電能之後，再把電能儲存在電池上，電動車才可以使用。腺苷三磷酸可說是生物世界裡的能量貨幣，驅動了包含細胞運動、主動運輸以及一系列的酵素催化反應等各式各樣的細胞活動。ATP 是由一個有機分子腺苷（由腺嘌呤及核糖所組成）以及三個磷酸基所構成，在細胞內的反應中，腺苷三磷酸通常是最後一個磷酸鍵結被水解，反應結果形成腺苷二磷酸（ADP, adenosine diphosphate）與一個無機磷酸鹽分子（Pi, inorganic phosphate），為能量釋放之放熱反應（$\Delta G = -7.3$ kcal/mol），便可提供細胞內許多機轉能量，如鞭毛運動的機械功、生物膜運輸的驅動以及許多需要能量的合成反應，如驅動同化代謝作用像肝醣及澱粉等多醣類的合成等作用，讓細胞運轉無礙。

跨領域素養 ▶▶ 吃角子老虎

一切還是得從熱力學談起。

　　英國倫敦大學榮譽教授尼克・連恩（Nick Lane）形容生物使用能量的方式[5]，就像代幣與吃角子老虎機。ATP 就像一枚能量代幣；而生物體內的各式蛋白質機器就像

5　《生命之源》，p. 110。

吃角子老虎機。每投入一枚 ATP，就有一個蛋白質機器被改變狀態，像轉動吃角子老虎一次，類似從 OFF 切換成 ON（活化），可以作功，發生化學反應。如果你想讓吃角子老虎機再轉一次，就得再投入一個代幣。

而 ATP 代幣本身，就會被撕開、折斷，就像入站剪票一樣失效，變成一個 ADP 和一個無機磷酸鹽（PO_4^{-3}，簡稱 Pi），並且釋放能量（移轉到蛋白質機器上）。整體而言，是個熵增過程。如果想要逆轉這個過程（熵減），就得從外界添加能量（吃下食物、氧化、燃燒食物），再將 ADP 和 Pi 合成起來，重新「充電」，變成一枚新的、未使用過的 ATP 代幣。這個氧化還原的雙向過程，可以簡寫成：

ATP <- -> ADP + Pi + 能量

從這個觀點來看生物細胞，就像拉斯維加斯的超大型賭場，裡面擺滿了各式各樣的吃角子老虎機。「每一個細胞，每一秒鐘大約要消耗 1,000 萬枚 ATP 代幣呢！」[6] 數字十分驚人。連恩教授進一步計算，人體總共約有 40 兆細胞、一天有 86,400 秒，乘起來每個人一天要用掉與體重相當（60~100 Kg）的 ATP 分子。

一個人消耗相當一個人的物質，當然不可能。所以可知，一定是小量 ATP 被重複使用了很多次（重新充電）。實際上，每個人大概只有 60g ATP（體重的千分之一），也就是說，每個 ATP，每分鐘都會被重新充電一、兩次。

6　《生命之源》，p. 111。

　　從能量的觀點來計算，每公斤人類細胞的消耗功率是 2W（每秒 2 焦耳）。50Kg 的成人消耗能量的速率，大概和你桌上的檯燈（100W）差不多。但是，檯燈可以直接插電就會亮，但人要活動，就得經過極其複雜的代謝反應。如計入能量轉換的損失、傳輸的效率等，檯燈的能源應用效率，顯然比人類高出很多。也可以說，人類很不環保、很不永續……。

　　地球上所有生命的源頭是太陽。如果和太陽相比較，生物體的能量轉換效率，又比太陽高出一萬倍以上。因為，太陽的質量很大、很大、非常巨大，卻只有極小極小部分的原子在進行核融合反應。陽光再以輻射的形式打到地球來，能真正帶來能量並進一步啟動生命的光子少之又少。所以，連恩教授比喻：「與其說生命是燃燒的蠟燭，還不如說是火箭發射器。」[7] 細胞 ATP 瞬間噴發能量還是很厲害的。

　　如果你使用過手機、電動車的充電電池就知道：隨著電池的充電次數增加，每次能充的電量會減少，電池的壽命也會隨之減少，這叫做「電池效應」，原理就是我們先前講過的熱力學過程，每次充電放電、充電放電……廢熱不斷增加、熵也不斷增加，最後總是會在物質身上留下不可逆轉的損傷。累積起來，最終走向報廢、死亡。

　　連恩教授總結：「從純理論的觀點來看，生命一點都不神祕。它並沒有違反任何一條自然律。」[8] 這也是本書跨領域素養的章節所要達成的目標，讓你把自然科的素養全都整合起來，理解這個看似神祕的世界。

7　《生命之源》，p. 112。

8　《生命之源》，p. 112。

光合作用

對應課綱	
學習內容	學習內容說明
BDa-Vc-4 光合作用與呼吸作用的能量轉換關係。	4-1 從細胞層次，探討光合作用可將光能轉變成化學能，並儲存在有機物中；細胞可利用有機物中的化學能進行新陳代謝。 4-2 主要在探討光合作用與呼吸作用在能量轉換之關係，重點不是在討論光合作用與呼吸作用的機制。光合作用與呼吸作用的機制，宜在選修生物中探討。

　　ATP 為細胞內各項反應主要驅動能量來源，帶動細胞內許多活動機制，ATP 為葡萄糖分解代謝轉換而來，那葡萄糖從何而來呢？在一般稱為「消費者」的化學異營生物裡（如人類），葡萄糖藉由攝取食物而得。而在一般稱為「生產者」的光自營生物中（如植物或藻類），葡萄糖主要就是藉由光合作用反應生成之產物所提供。

　　光合作用將來自太陽的光能轉換變為化學能，提供細胞可使用的能量來源。光自營生物捕捉光能，將水跟二氧化碳轉變為醣類以及氧。然而，以細胞層次來看，並非光自營生物內的所有細胞都可以進行光合作用，只有具葉綠體的細胞才可以進行光合作用。葉綠體就是細胞內進行光合作用的場所，是雙層膜胞器，同時具有外膜和內膜；內部有稱為類囊體的盤狀膜構造，這些盤狀膜構造相互連接堆疊、排列成葉綠餅。類

囊體的膜具有可吸收光能之複合物，含如葉綠素等色素成分。類囊體內部是中空的類囊體內腔，類囊體外至內膜之間則充滿著稱為基質的液體。

如果我們將光合作用的英文字 photosynthesis 拆開來看，photo 意涵為光，代表太陽光能量捕抓的反應。synthesis 意涵為合成，可代表醣類合成的反應。

光合作用在葉綠體內執行的過程可分成兩個階段，第一階段是光反應，第二階段為固碳反應（卡爾文循環反應）。在光反應中，類囊體膜上的葉綠素吸收太陽光能後，可將太陽光能藉由一系列反應提升反應部位之電子能階（可以想像類似情境為幫浦將水打至高處，水的位能提升）。當這些被活化的電子藉由傳遞系統向下傳遞後，釋放能量來合成 ATP 及其他高能量分子（NADPH）（可以想像類似情境為水由高位能變為低位能，高低之間的能量差變成電能後儲存在電池裡），將太陽能轉換為化學能，以提供後續固碳反應所需要的能量。在此過程中，水分子也會被分解而釋放出氧氣以及光合作用所需的電子和氫離子（即質子）。

光反應後，會接著進行生產醣類的系列反應，稱之為固碳反應（卡爾文循環反應）。在固碳反應中，被細胞吸收進來的二氧化碳會在類囊體的基質中，利用光反應所產生的 ATP 或其他高能量分子，配合類囊體基質中許多酵素的催化反應，將原本無法被生物體當成能量來源使用的二氧化碳氣體，藉由一連串作用還原成醣類。此反應可視為把可被細胞使用型態的化學能（如 ATP）轉換為儲存型態的化學能（如醣類）。而在固碳反應進行後的低能量分子（如 ADP）又可回到光反應形成高能量分子（如 ATP）。如此循環反應，光合作用後所儲存的化學能（如醣類）便可在未來視使用狀況轉換為 ATP，以提供細胞內各種運行機制的主要能量來源。

跨領域素養 ▶▶ 躺平有礙健康

　　2021 年伊始，中國的網站上出現一則「躺平主義」的貼文，引發廣大的迴響。導致政府不得不出手，想導正時代的歪風……。這一來，又更進一步引起國際間的注目，躺平主義漸漸擴散到亞洲、全世界人們的心中，尤其是千禧年以後出生的世代的年輕人心中，也就是即將考學測的你心中。想必你也有聽過吧？

　　究竟什麼是躺平主義呢？原帖名為「躺平即是正義」，說道：「既然這片土地從沒真實存在高舉人主體性的思潮，那我可以自己製造給自己，躺平就是我的智者運動，只有躺平，人才是萬物的尺度。」原本是反對資本主義社會裡對人的異化與剝削（這是馬克斯思想的核心，如果你以後讀社會組，一定會學到）。原作者提出的抵抗方法就是放棄奮鬥，只維持最低的生理需求來過日子 —— 聽起來也蠻符合老莊無為的養生之道。但慢慢的，這個迷因（文化基因）漸漸演化成，年輕人覺得不要奮鬥了、不要上進了，窩在家多休息，躺平過日子。

　　我們就從生物學的觀點來分析躺平主義，真的能養生嗎？

　　這要從坊間有個似是而非的「自由基有礙健康」觀念來說起 ——

　　自由基是指化合物分子在受到光熱輻射時，共價鍵龜裂，電子游離了結構，所產生的不完整原子團。請回想一下化學課裡八隅體學規則，原子少掉了電子，就會拼命想抓一顆回來（也有可能是多了電子，想放掉一顆出去）。因此，活性極強，碰到什麼都想結合。生物體內隨時都在進行著新陳代謝，就像一鍋燒滾的濃湯，能量沖激下，自然也會產生自由基，大部分是呼吸作用產生的超氧自由基。如果結合到不對的分子，比如正常的蛋白質，就會破壞它的結構，使它帶有不正確的活性。一個接一個，產生

連鎖反應，損害細胞正常功能，最終導致癌、疾病、老化——這就是幾十年來非常有名的「自由基老化假說」。

也因為這個假說，產生了許多抗自由基（或稱抗氧化）的養生產品，吃的、用的都有。比如現在我寫作的書桌上，就有一盞「負離子」檯燈，號稱能散發負離子，就像進行了一場森林浴。它訴求的原理很簡單，身體產生自由基沒關係，由檯燈發射一些負離子（電子），讓它和自由基結合，消除自由基！不就沒事了嗎？促進身體健康。於是能賣三倍價錢，由我老婆買單。

聰明年輕人一定會馬上推理，如果沒辦法吃抗氧化劑（如維他命 C）或買負離子檯燈來「消除自由基」，最起碼我們能儘量「減少自由基」吧！怎麼作？減少活動、多休息、減緩新陳代謝、呼吸作用、避免身體過度燃燒……不正好是躺平主義所主張的精髓？原來科學證據在這裡！

這個觀念非常符合直覺，但可惜的是，尼克・連恩教授卻說：「是眾多理論漂亮，卻禁不起殘酷事實考驗的例子之一。」[9] 事實正好相反，在說明之前，離題說一下日月潭（明潭發電廠）的發電原理。每天白天用電尖峰時，明潭發電廠就會放水以推動發電渦輪機，供應臺灣電力。等到了晚上用電離峰時間，利用核能發電廠的多餘電力，再把下游的水抽回日月潭，蓄水準備隔天發電。

呼吸鏈的作用原理類似明潭發電廠。人體運動的時候，ATP 的消耗增加，所以呼吸鏈上的電子流動速度也會增快，導致質子也必須更快的推動 ATP 合成酶，以重新充電 ATP。這一來，粒線體膜兩側的電位差就會下降，就像水庫洩洪發電後水位就會降

9　《生命之源》，p. 386。

低。於是，呼吸鏈就必須加速打出質子來補償，就像水庫必須消耗能量來提高水位。這樣一來，電子就必須更快速地通過像條大水管的呼吸鏈才能遇到氧氣。反而不容易堵在半路，使得蛋白質產生自由基。

　　反之，在不活動的休息狀態，電子會不斷地堆積在呼吸複合物的大水管中，導致更多的自由基滲漏，反而對身體有害。「所以，去跑步吧！」連恩教授如是說。

　　寫了這麼多，就是想以生物學、化學原理告訴你，休息有礙健康。

　　我很喜歡北海道大學的創校者克拉克校長（William Smith Clark，1826 年 7 月 31 日～1886 年 3 月 9 日）留下的校訓：" Boys, be ambitious!"（少年啊！要胸懷大志）。我這輩子沒機會去讀這所名校了，正在讀本書的你何妨一試？

　　躺平沒辦法解決人生的問題。

呼吸作用

對應課綱	
學習內容	學習內容說明
BDa-Vc-4 光合作用與呼吸作用的能量轉換關係。	4-1 從細胞層次，探討光合作用可將光能轉變成化學能，並儲存在有機物中；細胞可利用有機物中的化學能進行新陳代謝。 4-2 主要在探討光合作用與呼吸作用在能量轉換之關係，重點不是在討論光合作用與呼吸作用的機制。光合作用與呼吸作用的機制，宜在選修生物中探討。

　　光合作用藉捕抓光能，將水跟二氧化碳轉變為醣類以及氧。這些醣類在細胞中經由異化代謝作用，釋放出化學能量。而細胞呼吸作用則是絕大多數生物皆會執行的異化代謝反應，將醣類分解而釋出能量，同時利用此能量來合成 ATP，以驅動細胞內大多數的工作。

　　呼吸是一個有氧的細胞作用，需要氧氣參與反應並在作用結束後釋出二氧化碳與水。本質上是一個氧化還原反應，葡萄糖被氧化形成二氧化碳，而氧被還原形成水，並釋放出能量。細胞呼吸作用後釋出的二氧化碳與水，可再經由光合作用轉變為醣類以及氧。

　　由這兩個化學反應過程，可看出光合作用與細胞呼吸作用兩者間的關聯。粒線體是細胞進行有氧呼吸作用的胞器，葡萄糖（六碳）會先在細胞質中經由糖酵解作用（此時不需氧氣參與）分解為丙酮酸（三碳）。丙酮酸再進入粒線體中藉由一連串酵素作用、氧氣參與及電子傳遞過程，將原本以較大分子形式儲存之化學能轉變為細胞內可利用之化學能 ATP 的形式，以驅動細胞內大多數的工作。

　　當氧氣供應充足時，大多數生物體及細胞傾向執行細胞呼吸作用，以產生較大數量的 ATP；但當氧氣供應不足時，細胞可改為進行發酵作用。舉例來說，當我們進行激烈有氧運動時，肌肉在短時間內的氧氣供給量已經達到極限，所以細胞內氧氣不足以供應支撐細胞呼吸作用，此時就會改行發酵作用。

　　某些微生物也可以進行發酵作用產生乳酸（如乳酸菌）或者酒精及二氧化碳（如酵母菌），人類更加以利用以生產如乳酸飲料及酒精飲料等相關製品。在呼吸作用中，氧氣是在丙酮酸進入粒線體後才參與反應的，換句話說，在氧氣供應不足的狀態下所

進行的發酵作用，丙酮酸並不會進入粒線體進行有氧參與的反應，導致無法在粒線體內產生較大量的 ATP。發酵作用只能產生少量的 ATP，進行激烈有氧運動時，肌肉細胞改行發酵作用雖可迅速供給運動所需，然丙酮酸在細胞質中轉變成乳酸，持續增加將導致肌肉疲勞，也會形成俗稱的「氧債」。

1-3 染色體與細胞分裂

　　生物體需要持續地擴增細胞數量，以達成繁衍、生長、發育等目的。根據細胞學說，無論是真核細胞生物或是原核細胞生物，細胞均由先前已存在的細胞分裂而形成。細胞分裂遵循著一定的流程，以真核細胞而言，細胞分裂前會進行 DNA 的複製，以維持分裂後的細胞與原本的細胞擁有相同內容、相同數量的遺傳物質（有絲分裂）；抑或是細胞分裂後成為配子而只剩減半數量的遺傳物質（減數分裂）。真核細胞的 DNA 並非以裸露的方式散布在細胞核內，而是以具有組織架構的構造，存在於細胞核內，一般稱此架構為染色質。當細胞進入分裂程序，染色質會纏繞壓縮更加緊密，形成更顯而易見的染色體。

跨領域素養 ▶▶ 熵與死亡

　　愛因斯坦認為熱力學第二定律，大概是宇宙間最不可能被推翻的定律了。這一條定律，有很多種表示方式和涵義，最重要的是引入了「熵」的概念，古時候又稱為「能趨疲」（Entropy）[10]——系統只會從能階高的狀態，轉換成能階低的狀態（釋放能量）。

10　《學測物理（下）》，p. 048。

而在這個轉換過程中，有部分能量會變成不能再利用之熱形式（廢熱）。

熱力學第二定律也可以描述物質的狀態來表述：如果不額外作功（消耗能量），物質系統會漸趨散亂（即「失去秩序」）。這種散亂程度的衡量，就稱為熵。物質趨於散亂，稱之為「熵增」；物質更有秩序（減少散亂），稱之為「熵減」。

我們學過，生物體內的能量轉換形式，是以物質的轉換形式來達成，分作兩種：同化代謝與異化代謝。

同化代謝藉由將較小的分子「合成」較大的分子，吸收能量再儲存起來。比如，葡萄糖分子（小、簡單）吸收能量，變成肝醣分子（大、複雜）儲存起來。

以熱力學的眼光來看，小分子合成大分子，物質結構由簡單變為複雜，是個秩序增加的熵減過程。轉換前的系統能階低，轉換後的系統能階高，勢必得由外界吸收能量才能辦到。過程中，一定會產生廢熱。

異化代謝藉由將較大的分子「分解」為較小的分子，釋放能量以資利用。比如，澱粉分子（大）被消化，變成葡萄糖分子（小）。以熱力學的眼光來看，大分子分解成小分子，物質結構由複雜變為簡單，是個秩序減少的熵增過程。轉換前的系統能階高，轉換後的系統能階低，勢必會向外界釋放能量。過程中，也一定會產生廢熱。

無論同化代謝或異化代謝，都會產生廢熱。別忘了，熱的本質就是分子的運動，這些廢熱（運動）會進一步破壞分子的結構秩序，變成「廢物」。隨著系統運作的時間越長，廢物就會逐漸累積起來，使得系統的功能逐漸喪失，這就是「老化」。最終，完全停止運作，那也就是「死亡」了。

簡單的說，熱力學第二定律，保證了生物「必定」會死亡。

　　再從生物群體的角度來看，死亡也是「必須」的。

　　為什麼呢？我們必須應用反證法。

　　在一定時間、一定環境（類似孤立系統）下，必須遵循能量守恆定律以及物質不滅定律。如果一個生物群體只會不斷繁殖（增加個體），卻不會死亡（減少個體），環境資源（包括物質與能量）一定很快就會被消耗殆盡，群體也就無法存續了。

　　或許有些同學會問，科學家曾經發現一種「燈塔水母」[11]（還有一種非洲裸鼴鼠），「幾乎是」長生不死的。那又是怎麼回事呢？

　　答案就在於「幾乎是」，並非「一定是」。燈塔水母在每個生命週期的最後，會變回幼年的水螅階段，而不是直接以成年的水母階段死亡。嚴格來說，它是「返老還童」，而並非長生不死啊！而返老還童的過程仍然必須遵守熱力學第二定律，乖乖地從外界吸收能量，才能辦到。而且，隨著每次返老還童，細胞還是會逐漸堆積廢物，最終完全故障，導致死亡。只不過，這個熱力學過程進行得特別、特別地長，我們人類壽命有限，不容易觀察到罷了。直接說成是「長生不死」比較簡單。

　　不過，燈塔水母也給了很多愛美的人們一些啟示，長生不老不可得，那最起碼可以想辦法返老還童、青春永駐、凍齡……吧？於是我們看到市面上有許多吃的、擦的、用的，不管有效、沒效，人們不惜重金消費，也創造了龐大的市場商機。同學未來不管想要讀生物科技、市場行銷、人文藝術……都可以拿這個亙古以來，人類終極的欲望來作研究的主題。

　　大文學家雷蒙・錢德勒（Raymond Chandler）曾經說：「世界上最悲哀的事

11　維基百科：燈塔水母。

不是美好的事物夭亡，而是變老變醜。」也可以當作以生物學來闡釋熱力學第二定律——生物一定會老、會醜、會死亡——這就是自然界最無情，也最美好的定律。

染色質與染色體的構造

　　試想，以人類細胞為例，單套體的 DNA 總長度大致具有 30 億個鹼基對，換算成長度約 1 公尺，雙套體 DNA 長度約為 2 公尺。若是要將 2 公尺長左右的 DNA 裝入大小約 5 微米（μm=10^{-6} m）的細胞核內，勢必要經由不失秩序且高難度的纏繞壓縮過程，以形成合適的構造，此構造即為染色質。在細胞分裂過程，染色質會更加纏繞壓縮，形成更顯而易見的染色體。比較染色質與染色體，一般常用線狀來形容染色質，而用桿狀來形容染色體。早期科學家在分析真核細胞染色體的結構時，發現主要是由蛋白質與 DNA 組合而成，而且蛋白質的比例大致上超過 50%。大部分的蛋白質是組蛋白（histones），扮演纏繞 DNA 的角色。組蛋白之所以可纏繞 DNA，是因為含有高比例之正電胺基酸，適合用來纏繞帶負電性的 DNA。一般而言，真核細胞之細胞核內的染色質大部分時間都是處於較為鬆散之狀態。然一旦進入細胞分裂期，染色質就會進行更高階的纏繞壓縮，形成染色體，預備細胞分裂。

　　不同物種的生物具有不同數量的染色體。例如：人類的體細胞共有 46 條染色體、模式植物阿拉伯芥的體細胞有 10 條染色體。若以外觀形狀、結構及大小來區分，會發現大多數真核細胞的染色體以成對的方式存在於細胞核中。這些成對的染色體我們稱之為同源染色體。以人類為例，若將性染色體視為一對，則人類體細胞共有 23 對染色體（若排除性染色體為一對，人類體細胞共有 22 對染色體，亦即 22 對體染色體

＋ 2 條性染色體）。若以代數 n 來代表單套染色體（n=23，即 23 條不成對染色體），我們通常將人類體細胞染色體寫為 2n，為二倍數染色體，其中一個 n 源自於父方的生殖細胞（精細胞），另一個 n 源自於母方的生殖細胞（卵細胞），意即親代父方與母方分別提供一份單倍數染色體（不成對），受精後組成子代的二倍數染色體（成對）。

細胞週期

對應課綱	
學習內容	學習內容說明
BDa-Vc-5 真核細胞的細胞週期包括間期與細胞分裂期。 BDa-Vc-6 真核細胞的細胞分裂。	5-1 間期與細胞分裂期不得再細分各時期。 6-1 簡介真核細胞的細胞分裂包括細胞核分裂與細胞質分裂，細胞核分裂可分為有絲分裂與減數分裂兩類型。

德國科學家弗萊明（Walther Flemming）在 1882 年發表的科學文獻中，描述使用染料觀察染色體在有絲分裂和細胞質分裂的過程變化。弗萊明當時認為，在兩次細胞分裂之間的時間裡，細胞只是單純變大。但是我們現在知道，細胞在這個階段會發生許多關鍵事件，且遵循著一定的流程。

　　此一發生在細胞要分裂成兩個細胞之間所進行有順序性流程的階段組合，我們稱之為細胞週期，可簡單區分為間期以及細胞分裂期。間期占了細胞週期絕大部分的時間（約90%），此一階段可視作預先為細胞分裂做好準備工作的時期，細胞會生合成許多不同的蛋白質以儲備或執行功能。細胞會長得更大，胞器數目變多，DNA也會複製為原本的兩倍，形成姐妹染色分體。

　　間期後，細胞會進入細胞分裂期，此階段會進行細胞核分裂以及細胞質分裂。已經在間期複製完畢的DNA，會以高度纏繞壓縮的染色體形式，在細胞核分裂過程藉由有絲分裂將複製之染色體（姐妹染色分體）分配至兩個子細胞中，讓兩個子細胞獲得與原本母細胞一致的遺傳物質。同時，藉由細胞質分裂將細胞一分為二，也把在間期所產生的物質及胞器分配給兩個子細胞。待完全分裂成兩個細胞後，個別細胞又可再進入另一次的細胞週期。動物細胞與植物細胞的細胞質分裂過程有所不同，動物細胞會在細胞質分裂時形成分裂溝，分裂溝藉由逐漸內陷的過程將動物細胞一分為二。植物細胞則是在即將分裂的兩個細胞之間，形成細胞板將植物細胞一分為二。

　　真核細胞除了可進入細胞週期，藉由有絲分裂將細胞分裂為與母細胞具備一致遺傳物質的二個子細胞外，也可以進行減數分裂，以產生單套染色體之配子。一般真核細胞有絲分裂會發生在可進行細胞分裂之體細胞上，而減數分裂則是發生在涉及有性生殖的細胞中。

有絲分裂

對應課綱	
學習內容	學習內容說明
BDa-Vc-7 有絲分裂的過程。	7-1【探討活動】藉由觀察有絲分裂的玻片標本,知道有絲分裂的過程中,染色體具有變化的情形。 7-2 不得區分有絲分裂過程中的前、中、後及末期各期。

　　有絲分裂是一個連續的過程。細胞核分裂後,染色體的數目維持不變,亦即,一個 2n 的母細胞分裂成兩個子細胞後,子細胞的染色體數目仍然維持 2n。以動物細胞為例,細胞核開始分裂前,DNA 已複製並形成遺傳本質完全相同之兩條姊妹染色分體。兩條姊妹染色分體藉由中節的部位固定在一起。在有絲分裂過程中,中心粒會朝細胞核的相反方向移動,並於中心粒附近開始出現紡錘絲。紡錘絲與染色體上的著絲點結合,有秩序地將姊妹染色分體移動至細胞中央後,再將兩條姊妹染色分體分離並分配到子細胞中。細胞逐漸分裂為二,紡錘絲逐漸消失,分裂完成後染色體也逐漸恢復為較為鬆散之染色質。植物細胞一般缺乏中心粒,但有類似微管組織中心(microtubule organizing center, MTOC)的架構,分裂過程一樣會出現紡錘絲。

減數分裂

對應課綱	
學習內容	學習內容說明
BDa-Vc-8 動物生殖細胞一般須經過減數分裂的過程形成配子。	8-1 以人體的生殖細胞為例，說明減數分裂與配子形成的過程。

　　減數分裂，顧名思義為一種減少染色體數目的分裂方式，需要進行兩次細胞核分裂，以形成四個具單套染色體的細胞，亦即，一個 2n 的母細胞在複製後進行兩次細胞核分裂，子細胞的染色體數目變為 n。動物生殖細胞一般須經過減數分裂的過程形成配子。

　　減數分裂的兩次細胞分裂階段，我們分別以「減數分裂一」以及「減數分裂二」來稱呼。減數分裂一進行之前，DNA 已完成複製，且與有絲分裂相同形成姐妹染色分體（二分體）。減數分裂一開始進行，各同源染色體會靠攏在一起形成四分體，此現象稱為聯會。在紡錘絲的導引之下，四分體會先排列在細胞中央，然後進行同源染色體的分離，接著細胞質分裂，形成兩個子細胞，完成減數分裂一。

　　進入減數分裂二的時候，同樣藉由紡錘絲的協助，將子細胞內的各姊妹染色分體排列在細胞中央，並進行第二次細胞核分裂。此時中節分裂，姐妹染色分體分開，最終形成具單倍數染色分體的子細胞。

精子與卵的形成

對應課綱	
學習內容	學習內容說明
BDa-Vc-8 動物生殖細胞一般須經過減數分裂的過程形成配子。	8-1 以人體的生殖細胞為例,說明減數分裂與配子形成的過程。

　　在人類的生命週期中,成熟人類男性及女性可藉由減數分裂分別生成精細胞與卵細胞。精子生成程序是在男性生殖器官睪丸內發育雄性配子的過程。人類男性睪丸中具有精原細胞,精原細胞是二倍體細胞,它們除了會進行有絲分裂自我增殖外,還會分化產生精細胞。當精原細胞開始啟動減數分裂進入產生精細胞程序時,會先經染色體複製程序後形成初級精母細胞(即進入減數分裂前會先完成 DNA 複製),初級精母細胞經過減數分裂一後會形成兩個次級精母細胞(減數分裂一完成),次級精母細胞會再進行減數分裂二而形成精細胞(減數分裂二完成),最終成熟變為精子。一個初級精母細胞完成全程減數分裂後,最終可形成四個精子。

　　卵子生成程序是雌配子發生的過程,女性卵巢藉由此流程產生卵細胞。人類女性卵巢中具有卵原細胞,卵原細胞是二倍體細胞,它會啟動進行減數分裂產生初級卵母細胞,且此步驟在女性出生時已完成。初級卵母細胞在進入青春期前不會進一步分裂,此時減數分裂一直停在前期階段而未完成(即停留在卵原細胞經染色體複製後形成初級卵母細胞的階段)。待進入青春期受到賀爾蒙調控後,初級卵母細胞完成減數分裂

一後，會形成一個次級卵母細胞與第一極體（不具受精功能），次級卵母細胞會繼續進行減數分裂二，而減數分裂二的程序會在進行到中期後暫時停留，待精子穿透次級卵母細胞後繼續完成減數分裂二，而形成卵子細胞及第二極體。

　　卵子生成程序與精子生成程序主要有三個不同點。第一，卵子生成程序在減數分裂過程細胞質分裂不平均，幾乎所有的細胞質都會分給單一子細胞，而另一較小之子細胞最終形成極體，但是在精子生成程序中則無此現象。第二，精子生成程序在男性性成熟後到生命結束前，都可以持續產生精子，但是女性的卵子生成程序則是有一定的期間（青春期至更年期）。第三，卵子生成程序有較長的週期，而精子生成程序則是可連續不間斷地生成。精子與卵細胞為具單套染色體的配子，在完成受精作用後會形成二倍體的合子，合子藉由有絲分裂，持續生長發育直到個體成熟，生命週期再次循環。

跨領域素養 ▶▶ 為什麼有性別？

　　性別，顧名思義，就是「性的分別」。按照佛家的說法，一旦起了分別心，諸般煩惱便由此而生。在新課綱中，也特別強調「性別平等」。不單自然科，各科都要融入性別平等的概念，以符合時代精神和政治正確的潮流。因此，我們就來談談性別——

　　性別分兩種定義方式，一是生物上的，一是文化上的。

　　先談生物上的性別：性別是為了繁衍下一代而造成的。

　　首先是無性別，性別數 = 0。細菌沒有性別，應該說，原核生物無所謂性別的概念。對它們而言，繁衍下一代就是單純的細胞分裂，一個變兩個、兩個變四個……無

論怎麼分裂、繁衍了幾代，（理論上）還是原來那個細胞。從這個角度來看，它們也沒有出生和死亡的概念。目前所知，這類生物的第一代（初代火影）、最原始的親代可能是在深海熱泉噴發的「太古濃湯」中，隨機碰撞誕生出來的，接下來就一直分裂、複製到今天，幾十億年的時間中，當然也有演化變異。但鏡頭拉遠，我們可以說和初代沒太大分別，也是初代。

　　較高等的生物中，極少有這種無性別的例子，特例是水母。20 世紀初最偉大的喜劇演員卓別林寫過一句臺詞：「活著是非常美好的事情，就算水母也一樣。」[12] 水母剛出生是浮浪幼蟲型態，在海裡漂浮。附著到岩石上後，隨即像植物般發芽，長出水螅型態，也像植物般固定在某處長大。接下來，就是開始分裂、繁殖，變成橫裂型態，慢慢的分裂、脫離「植株」；再變成碟狀幼生的小水母，在海中到處漂浮。小水母長大了，肚子裡就有卵，把卵放出來變成下一世代的浮浪幼蟲，而親代水母就死翹翹了。這個過程會不斷重複，直到永遠。佛教描述最底層的阿鼻（無間）地獄，惡人下去了以後會「生死無間」，受最苦的刑罰，生出來又死、死了又生，反覆受罪——水母大概就這一回事，但它苦不苦就很難說。

　　尤其是有一種「燈塔水母」，它也是有「浮浪幼蟲－水螅－橫裂－碟狀幼生－成體」的生活史，但超詭異的是，本來一般水母是產卵生下子代就會死，然而燈塔水母則不死，成體反而直接縮小，又變回「新的」浮浪幼蟲。以「返老還童」代替了「生死無間」，真是奇妙的生物。

　　接下來我們談單一性別，也就是性別數 =1。如果你仔細動動腦，單一性別就是

12　《全世界最感人的生物學》，p. 093。

無性別（性別數＝0），1＝0，0＝1，正符合佛法「無分別心」的真義（呃～）。說正經的，如果生物只有單一性別，在配對繁殖上就方便多了，隨便找另一個個體就能繁殖下一代，不是更有生存優勢嗎？不不不，演化論告訴我們，如果只是相同（似）的個體不斷複製，是沒有辦法適應環境的。必須有變異，才能取得生存優勢──這也是無性別、單一性別的高等生物極少的主要原因。

演化遺傳學教父費雪（R. A. Fisher）問過一個很重要但很少人去想的問題：「為何生物的性別碰巧就只有兩種呢？」[13] 也就是說，為什麼性別數＝2是正宗主流，而不是性別數＝0, 1, 3, 4, 5, 6……87？

0與1我們說過了，那其他比2更大的性別數，邏輯上一定比2更好。因為，每一個個體能交配的群體比例，一定比1/2更高（2/3, 3/4……86/87）。老實說，並沒有什麼直覺上可以理解的理由不能這麼作，所以困擾了生物學家這麼久，卻存而不論。其中一個可能解釋是，無論有幾種性別，如果想取得演化變異的優勢，就得兩兩配對，其中一個釋放基因（姑且稱之為雄性）、另一個接受基因（姑且稱之為雌性）。而雌性，必須得付出較大的生物代價（最終還是能量的問題）。也因此，許多物種的雌性體型往往比較大，才能負擔起較高的能量，像海象、蜘蛛、鹿……。

這一點，可以觀察日常生活中常見的「雌雄同體」生物──蝸牛。

雨後我家庭院裡的蝸牛會跑出來，進行交配。你會看到兩隻交纏、黏在一起，扭打廝殺。其中一隻（雄性）打贏了，就在另一隻（雌性）的身上撕開一道傷口，把精子射進去，然後揚長而去。雌性就默默地舔舐傷口，等它癒合。肚子裡的卵還要吸母

---

13 《生命之源》，p. 322。

體的養分好久，才能順利生下來。我不知道蝸牛心裡怎麼想，但要是我肯定會這麼想：「真是太不划算了，我要好好練身體，下一次一定要打贏！」

　　所以，無論「可能的」性別數有多少，實際上只要 2 就夠了，生物代價最有效率。而兩種性別之間最大的差異，並不是外在的性徵、精子 / 卵子或者染色體 X / Y，差別在粒線體的繼承。

　　兩種性別中，只有其中一種（雌性）會將粒線體傳給下一代，另一種則不會。粒線體是單性遺傳的本質，讓我們可以不斷追溯生物的祖代。比如全球人類有一個共同的祖先，某隻非洲的母人猿，取名為露西（LUCY）。（大導演盧貝松還來臺灣拍過電影。）

　　粒線體是細胞發電廠、ATP 充電站，其工作表現的優劣，直接影響到細胞的存亡。有優秀的粒線體，就有優秀的生物。孩子的好壞，跟媽媽比較有關係。（我不是想甩鍋啊～～）

　　生物的性別談完了，文化的性別就非常多樣了。最近常談的 LGBT，指的是女同性戀、男同性戀、雙性戀、變性等多元的性別，而且定義也還在不斷的擴張中。說到底，人之所以為萬物之靈，也是因為能擺脫生物性的限制。想愛誰、不想愛誰，不見得全聽基因決定。生物個體沒有「平等」的概念，每個人都是不一樣、有差異的。但法律上，可以做到人人平等，賦予每個人同樣的基本權利，就包括性別認同、性取向、性別氣質等。透過釋憲，臺灣是亞洲國家中最先承認同性婚姻的地方，進步的價值值得驕傲。

最後要說的是，每個人不管你的性別（認同）為何，都應該尊重別人的選擇。這是最起碼的底線，也是性別平等的真義。

細胞分化

對應課綱	
學習內容	學習內容說明
BDa-Vc-9 多細胞生物的受精卵經由有絲分裂與細胞分化的過程，形成不同類型的細胞。	9-1 簡介細胞分化。

細胞的有絲分裂作用可增加細胞的數量，但若要讓細胞形成各種不同型態與功能的狀態，則需要藉由細胞的分化作用來達成。細胞分化指的是細胞特化成為構造與功能都不一樣的細胞，例如：具訊息傳導功能的神經細胞、具收縮功能的肌肉細胞、具運輸功能的紅血球細胞……。這些不同的細胞最早都是來自於受精卵，經由不同的分化作用後，便形成具有不同型態與功能的細胞。這些細胞還可以向上組構形成組織、器官以及系統，以維持生物體的運行。

　　微藻具有高生長速率和高含油量的特性，成為極具開發潛力的生質能源之一，因此高中生小屏和小斑兩位同學進行了「光強度與二氧化碳濃度對於某種微藻光合作用速率的影響」實驗。實驗進行的方法是：選用兩批相同的微藻培養液，分別在 A、B 兩個生長水箱中培養，A 生長水箱內的二氧化碳濃度維持在 0.40％；B 生長水箱內的二氧化碳濃度維持在 0.03％，再分別用不同的光強度照射並比較其光合作用之速率。他們的實驗結果如下圖。根據上文及下圖，回答下列兩題。

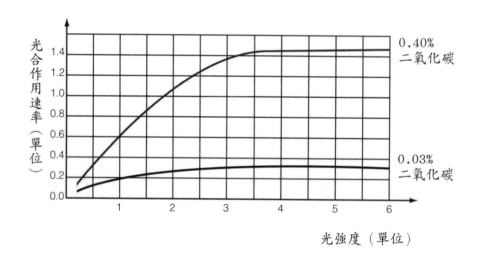

1. 下列是他們兩人對此結果所做的討論：

　　小屏說：「生長水箱中二氧化碳濃度越高，該微藻行光合作用的速率越高。」

小斑說：「在相同的光照強度下，生長水箱中的二氧化碳濃度由 0.03％提高到 0.40％可以有效增加該微藻的光合作用速率。」

請判斷這兩位同學敘述是否合理（填寫合理或不合理），若不合理，請加以說明不合理之處。

同學	是否合理？若不合理，請加以說明不合理之處。
小屏	
小斑	

參考答案

同學	是否合理？若不合理，請加以說明不合理之處。
小屏	不合理 此實驗中只有 0.03％和 0.40％兩種二氧化碳濃度，無法知道其他濃度的光合作用速率情形。
小斑	合理

對應課綱
tm-Vc-1 能依據科學問題自行運思或經由合作討論來建立模型，並能使用例如：「比擬或抽象」的形式來描述一個系統化的科學現象，進而了解模型有其侷限性。

2. 若添加化合物 X 會影響該微藻的光合作用速率。根據上圖的結果,小屏要設計實驗來測知化合物 X 對該微藻光合作用的影響是促進或抑制時,他們除了要在生長水箱中置入不同濃度的氣體 X 外,還需選用下列哪一組光強度及二氧化碳濃度來進行實驗最適當?

(A) 3 個光強度單位、0.03% 二氧化碳濃度

(B) 3 個光強度單位、0.40% 二氧化碳濃度

(C) 1.5 個光強度單位、0.40% 二氧化碳濃度

(D) 1 個光強度單位、0.03% 二氧化碳濃度。

參考答案

. . . .

(C):若想觀察化合物 X 對於該微藻光合作用速率的影響,在 1.5 個光強度單位及 0.40% 二氧化碳濃度的條件下,其光合作用速率的下降與上升更容易被觀察到。

對應課綱
pe-Vc-1 能辨明多個自變項或應變項並計畫適當次數的測試、合理地預測活動的可能結果和可能失敗的原因。藉由教師或教科書的指引或展現創意,能根據問題特性、學習資源(設備、時間、人力等)、期望之成果(包括信效度)、對社會環境的影響等因素,規劃最佳化的實作(或推理)探究活動或問題解決活動。

　　某高中生在實驗室進行細胞分裂的觀察，接著將觀察到的數種細胞狀態拍攝如下圖所示的甲至戊圖，請回答下列問題：

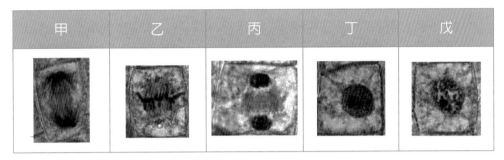

| 甲 | 乙 | 丙 | 丁 | 戊 |

(1) 此細胞為動物細胞或植物細胞？請說明由哪張圖片判斷以及判斷的理由。

細胞種類	說明由哪張圖片判斷以及判斷的理由

參考答案

....

細胞種類	說明由哪張圖片判斷以及判斷的理由
植物細胞	丙圖；細胞正在進行細胞質分裂，但未能看到動物細胞才有的細胞膜凹陷而形成分裂溝的情形。

對應課綱

pa-Vc-2　能運用科學原理、思考智能、數學、統計等方法，從探究所得的資訊或數據，形成解釋、理解、發現新知、獲知因果關係、理解科學相關的社會議題、解決問題或是發現新的問題。並能將自己的探究結果和同學的結果或其他相關的資訊比較對照，相互檢核，確認結果。

02

生殖與遺傳

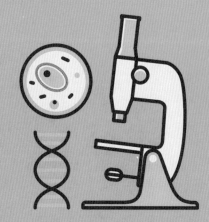

2-1　細胞的構造

對應課綱	
學習內容	**學習內容說明**
科學、科技、社會及人文（M） 科學發展的歷史（Mb） BMb-Vc-2 孟德爾依據實驗結果推論遺傳現象的規律性。	2-1 說明孟德爾的遺傳實驗過程，以了解孟德爾實驗設計的思考過程，並探討遺傳法則的推論歷程。 2-2 體認生物的遺傳現象具有規律性，並可用科學方法加以探討，實驗結果可以數學模式解釋。 2-3 學習內容可與次主題「生殖與遺傳」整合，以達到概念的完整性。

　　在各式生物族群中，我們常可觀察到每個同種生物間都有不同的外在表徵。以人類來說，我們可看到不同的髮色、不同的膚色、不同的眼球顏色等，而每個人存在顯現的表徵基本上皆遺傳自他們的父母。這種上下代表徵相似的現象，依照現在我們所了解就是藉由基因遺傳的程序，由親代向下傳遞而由子代承接。我們將各種不同且可分辨的生物特徵，如髮色、膚色、眼球顏色等稱為遺傳性狀（character），性狀則依所接受到親代遺傳的樣態顯現出不同的表徵（trait），如金髮、黑髮、紅髮等不同的髮色，就是不同的表現型。

　　提到遺傳，大家十之八九都會想到孟德爾，孟德爾之所以名留千古，乃在於其依

照實驗觀察的結果，進行定量分析（明確的數字統計分析）並仔細歸納推論出一套科學依據，成為遺傳學發展的重要概念基礎，也被世人尊稱為遺傳學之父。

孟德爾實驗的獨到與創新

　　孟德爾經典的遺傳實驗，是藉由觀察豌豆的性狀及表徵而完成，但是在孟德爾之前，也有不少人觀察到豌豆表徵如莖高、莖矮或花色等的遺傳變化，然前人並未使用科學化的方式以數字來統計每一種不同後代的數目並加以分析。與前人不同，孟德爾在觀察數個豌豆的性狀表徵後，將觀察結果以統計數字的方式進行分析，進而推論出其遺傳學理論。

　　生物相關實驗要成功完成，實驗材料的選擇向來為一重要因素，豌豆在孟德爾的遺傳實驗上為一上乘選擇，因其生活週期相對短（可短時間完成實驗），植物材料栽培容易（可大量取得實驗材料），許多性狀及表徵穩定明確（可容易觀察），且容易以人工操作異花授粉（可進行同花自交或異花雜交，操作實驗變因）。豌豆本身性狀很多，但是孟德爾只選擇具明確表徵的某些性狀進行實驗，分別是種子顏色、種子形狀、豆莢顏色、豆莢形狀、花色、開花位置以及莖的高度。實驗開始前，孟德爾會將實驗材料經由自交數代的方式確認每一實驗材料為純系，也就是當操作這些親代豌豆進行自交時，若後續所產生數代的子代皆具有跟親代相同的性狀表徵時（如以黃色種子之親代自交數代後，其子代皆產生黃色種子），就可以確認此一實驗樣本為純系。確定為純系後，孟德爾將同一性狀不同表徵的純系植物進行雜交配種，也就是使用異花授粉的方式產生子代以進行觀察實驗。首先我們以黃色種子及綠色種子的豌豆為代

表，進行單一性狀雜交實驗說明。

　　解析豌豆的花器結構，雄蕊及雌蕊被包覆於花瓣內，因此在自然環境下豌豆一般呈現自花授粉繁衍後代。若要操作異花授粉，首先必須以人為方式摘除欲授粉花之雄蕊，再將另一株植物的花粉，以工具（如毛筆）將花粉沾到已移除雄蕊的花朵，完成人工異花授粉。依此實驗方式，孟德爾將具黃色種子及綠色種子表徵的純系豌豆親代，互相進行人工異花授粉（分別是將取自具黃色種子表徵之豌豆植物花粉，沾到具綠色種子表徵且雄蕊已被移除之植物柱頭上，以及將取自具綠色種子表徵之豌豆植物花粉，沾到具黃色種子表徵且雄蕊已被移除之植物柱頭上），以產生子代（此階段稱為第一子代，以F1代稱）。孟德爾發現，異花授粉雜交後所產生之第一子代，只具有黃色種子的表徵（只出現一種表徵）。得到第一子代種子後，孟德爾將這些種子培育成株進行自交實驗，以獲得第二子代。當孟德爾觀察第二子代豌豆種子顏色時，他發現黃色種子豌豆跟綠色種子豌豆的比例幾乎為3：1（兩種表徵皆有出現，且具有一定的比例）。孟德爾以上述方式操作其他六種不同性狀的實驗觀察後發現，結果皆與上述約3：1之比例相近。

孟德爾第一遺傳法則（分離律）

對應課綱	
學習內容	學習內容說明
BGa-Vc-1 孟德爾遺傳法則中，性狀與遺傳因子之關係。	1-1 說明孟德爾遺傳法則中的遺傳因子，是藉由性狀推論出來的抽象名詞。

　　完成上述七種不同性狀的觀察後，孟德爾認為第一子代只出現一種表徵，而第二子代出現兩種表徵的比例，大約 3：1。可以用下列的概念來說明：

第 1　每種性狀在表徵的顯現上，是由兩個遺傳因子來決定。

第 2　這兩個遺傳因子分別來自於親代的父方及母方。

第 3　在這兩個遺傳因子中，其中一個遺傳因子對表徵的影響決定性比另一個遺傳因子為高，決定性高者為顯性遺傳因子，另一個則為隱性遺傳因子。

第 4　這組成對的遺傳因子，會在配子形成過程中被分配到不同的配子，也就是生殖細胞，並在雌雄配子結合形成合子後再度呈現成對的遺傳因子。在此，我們還是以黃色種子及綠色種子的豌豆為代表，進行上述概念的說明。

　　若將黃色種子遺傳因子的代號設定為 A，而綠色種子遺傳因子的代號設定為 a。黃色種子純系的兩個遺傳因子就是 AA，而綠色種子純系的兩個遺傳因子就是 aa（兩個純系皆具有一對遺傳因子決定種子顏色）。進行第一次異花授粉所得到的第一子代，就是由兩個純系親代個別形成的配子結合而成。其遺傳因子分別來自於上述的兩個純系親代（黃色種子純系的配子遺傳因子為 A，綠色種子純系的配子遺傳因子為 a，所形成之第一子代具備決定種子顏色的兩個遺傳因子為 Aa）。

　　異花授粉雜交後所產生之第一子代只具有黃色種子的表徵，是因為黃色種子遺傳因子 A 為顯性遺傳因子，綠色種子遺傳因子 a 為隱性遺傳因子，因此表徵的呈現由黃色顯性遺傳因子 A 決定。為什麼孟德爾知道具黃色種子表徵的第一子代其基因型是 Aa 而不是 AA 呢？那是因為孟德爾將第一子代的種子進行試交（testcross），依據結果所呈現出的實驗數據。所謂試交，是指將第一子代的種子與隱性基因型純系的

種子進行交配，再觀察後代所呈現出之表徵為何以進行基因型的判斷。若第一子代的基因型是 Aa，當與隱性純系 aa 進行交配所產生之後代黃綠表徵比應為 1：1（Aa：aa）。若第一子代的基因型是 AA，當與隱性純系 aa 進行交配所產生之後代則皆為顯性黃色（全部基因型皆為 Aa）。孟德爾由此實驗驗證顯性及隱性純系親代交配後所形成之第一子代基因型為 Aa，具黃色種子的表徵。

將第一子代進行自交產生第二子代，由於第一子代豌豆植株只具備一種遺傳因子組合（Aa），當第一子代產生配子時，其配子分別只會有 A 或 a 之遺傳因子（遺傳因子在形成配子過程中被分配到不同的配子）。因此，最終第二子代遺傳因子會有 AA、Aa 或 aa 三種組合，若以龐尼特方格（Punnett square，亦稱棋盤方格法）顯示計算，將呈現黃色種子與綠色種子比率為 3：1（1AA 黃色種子：2Aa 黃色種子：1aa 綠色種子）。

孟德爾在完成上述單一性狀的雜交實驗後所推論出來的內容，後人稱為孟德爾第一遺傳法則，也稱為分離律。

孟德爾第二遺傳法則（獨立分配律）

孟德爾在完成單一性狀的雜交實驗後，推論出每種性狀在表徵的顯現上，由兩個遺傳因子來決定。且會在配子形成過程中，兩個遺傳因子會被分配到不同的配子。那，控制不同性狀的成對遺傳因子間，是否會在配子形成過程中，互相影響到遺傳因子分配至配子的過程？例如：決定種子顏色及種子形狀兩個不同性狀的遺傳因子，是否會互相影響？孟德爾在實驗設計上，以兩種不同性狀的純系豌豆植物進行雜交，來探究

此問題。具黃色、圓潤表徵的純系豌豆種子植物（兩者皆為顯性遺傳因子表徵，在此以 YY、RR 代稱，產生的配子帶有的遺傳因子為 Y 和 R）以及具綠色、皺縮表徵的純系豌豆種子植物（兩者皆為隱性遺傳因子表徵，在此以 yy、rr 代稱，產生的配子帶有的遺傳因子為 y 和 r），在雜交後所產生的第一子代顯現之表徵皆為顯性（Yy 以及 Rr，意即具黃色、圓潤表徵，遺傳因子則顯性、隱性兼具）。

　　以第一子代進行自交後產生第二子代，孟德爾發現在不同表徵植物的比例上（**黃色**＋**圓潤，黃色**＋皺縮，綠色＋**圓潤**，綠色＋皺縮，**粗黑體字標示者**為顯性表徵），呈現出幾乎為 9：3：3：1 的比率。這個數字意味著，若將兩個性狀視為各自單獨發生不互相影響，依照前述孟德爾第一遺傳法則，黃色種子在第二子代出現的機率是 3/4，圓潤種子在第二子代出現的機率也是 3/4。因此兩個性狀同時出現的機率，將會是各自表徵出現機率之乘積（3/4 乘 3/4），也就是 9/16，其他表徵出現的機率則依此類推為 3/16、3/16 以及 1/16，完全吻合 9：3：3：1。

　　由以上實驗結果，孟德爾推論當遺傳因子被分配到配子時，每一性狀的成對遺傳因子遵循第一遺傳法則分離，且遺傳因子之分離不會受到其他性狀遺傳因子的影響，具獨立分配的特性，因此配子具有各種不同性狀遺傳因子隨機組合之可能性。

　　孟德爾在完成上述雙性狀的雜交實驗後所推論出來的內容，後人稱為孟德爾第二遺傳法則，也稱為獨立分配律。

孟德爾遺傳法則的延伸

對應課綱	
學習內容	學習內容說明
BGa-Vc-2 孟德爾遺傳法則的延伸。	2-1 可以 ABO 血型為例，說明共顯性遺傳與複等位基因遺傳。 2-2 可以人體的膚色為例，說明多基因遺傳，但不涉及計算。

　　孟德爾觀察豌豆性狀變化，並以科學定量的方式統計歸納出遺傳法則，是遺傳學上的重要基礎概念。以現今之知識背景來看，許多生物體遺傳模式比孟德爾的遺傳法則來得複雜。孟德爾當時以豌豆進行實驗，所選擇的觀察性狀都是由一種遺傳因子（也就是所謂的基因）來控制，而且控制這些性狀的成對遺傳因子（也就是所謂的等位基因，亦稱對偶基因），顯性遺傳因子可完全主宰表徵——以當時的實驗條件，可發展出如此明確的推論，除實驗方法及成果歸納本身優質外，也帶有幾分幸運的成分。

　　以人類血型為例，之所以有 ABO 血型（A、B、O 以及 AB 型），是因為紅血球細胞表面帶有不同的抗原：帶有 A 抗原為 A 型血；帶有 B 抗原為 B 型血；帶有 AB 兩種抗原的為 AB 型血；而 A 及 B 抗原都沒有的為 O 型血。不同於孟德爾理論，兩

個遺傳因子（等位基因）決定性狀表徵的概念，ABO 血型分別是由 I^A、I^B 以及 i 三種等位基因決定，我們稱之為複等位基因遺傳（由三種以上等位基因來決定表現型）。I^A 基因可產生 A 抗原、I^B 基因可產生 B 抗原，而 i 基因則不產生 A、B 抗原，且在這三個基因當中，I^A 基因與 I^B 基因對於 i 基因來說都是顯性（例如：I^Ai 為異型合子基因型，表現型則為 A 型血）。由於每個人的同源染色體上只會有這三個等位基因的其中兩個，因此其遺傳方式依舊遵循孟德爾的第一遺傳法則（分離律），但表現型相對多元（例如：I^Ai 與 I^Bi 的子代，就有機會具 AB、A、B 以及 O 型四種血型之一，與孟德爾單一性狀實驗只具兩種表徵大相徑庭）。

同樣以 ABO 血型來討論，以具 I^Ai 與 I^Bi 基因型的親代為例，由於 I^A 基因與 I^B 基因對於 i 基因來說都是顯性，因此親代的血型表現型分別是 A 型血及 B 型血，但其子代有機會出現 AB、A、B 以及 O 型四種血型之一。在本例中，子代 A、B 以及 O 型三種血型其基因型分別是 I^Ai、I^Bi 以及 ii，可使用顯性、隱性之概念加以說明其表現型，但 AB 血型其基因型為 I^AI^B，可同時產生 A 抗原及 B 抗原，此時無法再以顯性、隱性的概念來解釋 AB 型血型，而是要以共顯性遺傳，也就是兩個等位基因對表現型具有顯性相等的影響力，最終決定 AB 型血型。

複等位基因遺傳以及共顯性遺傳與原先孟德爾的遺傳法則相比，相對複雜許多。其他，還有原本孟德爾實驗結果及推論上未曾遭遇的現象，例如：「多基因遺傳」──是指一個性狀是由兩對以上的等位基因共同作用而形成，且每一顯性的等位基因在表現型上皆有相當的影響力，而這些影響力具有累加性質。人類膚色的顯現即是多基因遺傳的例子之一。若親代之一具非常黝黑之膚色（最深），而另一位是膚色非常白的

人（最淺），其子代膚色深淺將介於親代之間。目前尚未完全確認決定人類膚色的基因有多少種，假設膚色是由三對基因（此處以 A,a、B,b 以及 C,c 為代稱）調控，顯性基因 A、B 和 C 會使皮膚內黑色素的量增加，且個別的影響力可以累加，故顯性基因比例越高的人，膚色越深（AABBCC 最深，而 aabbcc 最淺）。假設親代的基因型皆為 AaBbCc，其膚色大致為中等深淺，但是其子代膚色若以孟德爾的遺傳法則來預測，將會有七種不同深淺之可能性，可以比親代膚色深，也可以比親代膚色淺。

遺傳的染色體學說

對應課綱	
學習內容	學習內容說明
BGa-Vc-3 遺傳的染色體學說之發展歷程。	3-1 以遺傳的染色體學說之推論歷程，說明遺傳現象與染色體的關係。 3-2 說明遺傳因子是位於染色體，不再只是抽象的名詞，具有實體的性質，可以遺傳與控制性狀。

　　孟德爾遺傳法則中的「遺傳因子」，是藉由觀察並解釋性狀變化而推論出來的名詞。而遺傳因子就是我們現今所說的「基因」(Gene)。

　　基因位於染色體上。拜顯微鏡技術的進步，科學家於 1875 年觀察到有絲分裂的過程，而於大約 1890 年代觀察到減數分裂的過程。自此之後，逐漸發現染色體的行

為與孟德爾遺傳因子的行為，在有性生活週期裡，具有高相似度。1902 年左右，美國科學家洒吞（Walter Sutton）及德國科學家巴夫來（Theodor Boveri）獨立進行研究後推論，親代經由配子——也就是生殖細胞——將性狀遺傳予子代。故控制性狀的遺傳因子必定存在於生殖細胞內。以生殖細胞的型態來看，相對於卵細胞，精子細胞質比例低而細胞核比例高，因此推論細胞核應是遺傳因子的所在地。 但，遺傳因子在細胞核內的哪個地方呢？

　　人類體細胞共有 46 條染色體，細胞行有絲分裂時，染色體會濃縮到可在光學顯微鏡下清楚觀察的程度。由於染色體在大小、中心粒位置以及染色後的樣態都有差別，因此濃縮狀態的染色體可在顯微鏡下加以區分其異同。仔細觀察人類染色體，依照大小、中心粒位置及染色樣態的差異加以區分，並由大而小加以排列，會發現同一型態的染色體有兩個（性染色體例外），我們稱此順序排列樣式為核型圖（karyotype）。每對在鏡檢分類上屬於相同形式的染色體，我們稱為同源染色體（homologous chromosomes）。

　　染色體成對存在於雙套體細胞的細胞核中，在減數分裂時期同源染色體會分離，而在精卵結合授精後，又會再度回復成原本在雙套體細胞時成對之狀態。比對前述染色體的狀態跟孟德爾的遺傳法則下遺傳因子的行為，同源染色體在減數分裂時分離且分別進入不同配子內，與孟德爾第一遺傳法則（分離律）相近。非同源染色體在減數分裂進入配子時，並不會相互影響，而隨機組合分配予配子，與孟德爾的第二遺傳法則（獨立分配律）相近。

　　精卵結合形成合子後，同源染色體再度回復成原本在雙套體細胞時成對之狀態，與孟德爾的遺傳法則推論親代各自給予子代一個遺傳因子，故子代再度形成有成對遺傳因子的概念吻合。綜合上述現象，洒吞及巴夫來推論孟德爾遺傳法則中敘述的遺傳因子，應是位於細胞核內的染色體上，此推論即為「遺傳的染色體學說」。

　　若我們把同源染色體細分成許多片段，並在片段上標示英文字母以代表不同基因（例如：套用前面說明豌豆種子顏色及形狀的例子，顏色基因以 Y 或 y 標示，形狀基因以 R 或 r 標示等）。這些以英文字母標示的不同基因在同源染色體上的排列順序是固定的，且位於染色體上的特定位置。此一特定位置我們稱之為基因座（可想像為具有特定門牌號碼住址的位置）。位在相同基因座的同一種基因，控制相同性狀，但可能會有不同的特性，我們稱之為等位基因（亦稱對偶基因，例如：控制豌豆種子顏色的 Y 或 y，即為等位基因）。

　　換句話說，在成對同源染色體上，兩個等位基因分別位於同源染色體上的相同基因座。等位基因的組合可決定性狀的表徵（如黃色種子為 YY 以及 Yy，綠色種子為 yy），基因組合的形式我們稱為基因型（genotype，如 YY、Yy 以及 yy 三種），而表現出來的表徵我們稱為表現型（phenotype，如黃色種子以及綠色種子）。基因型可依等位基因組合之形式給予進一步分類，若一對等位基因兩個成員是相同的，我們將其稱為同型合子（如 YY 以及 yy，YY 為同型基因型顯性表現型，yy 為同型基因型隱性表現型），若一對等位基因兩個成員是不同的，我們稱為異型合子（如 Yy，異型基因型顯性表現型）。

性聯遺傳

對應課綱	
學習內容	學習內容說明
科學、科技、社會及人文（M） 科學發展的歷史（Mb） BMb-Vc-3 性染色體的發現。 BGa-Vc-4 性聯遺傳。	3-1 說明性染色體的發現過程。 3-2 學習內容可與次主題「生殖與遺傳」整合，以達到概念的完整性。 4-1 說明性聯遺傳，可以人類紅綠色盲為例。

　　孟德爾的實驗材料豌豆並無個別雌雄植株之分，在自然狀態下其有性生殖過程是經由同一植株花器內之授粉流程而完成。然而許多生物，例如：人類，分別存在著雌性與雄性個體，人類體細胞共有 46 條染色體，可依照大小、中心粒位置及染色樣態的差異加以歸類為同源染色體，但有 2 條染色體，分別稱之為 X 染色體及 Y 染色體，跟其他可歸類為一組同源染色體的 44 條染色體樣式相異。在人類女性細胞中，可發現成對的 XX 染色體，但是在人類男性細胞中，則是帶有一個 X 染色體跟一個 Y 染色體。由於這 2 條染色體與人類性別之確認相關，因此我們稱其為性染色體。

　　性染色體是如何被發現的？

　　美國科學家史蒂文斯（Nettie Maria Stevens）進行染色體相關研究，以顯微鏡技術觀察黃粉蟲精子時，發現約半數精子具有一條明顯短小的染色體，而另外半數精子與所有卵子的染色體為正常長度，並沒有此一明顯短小的染色體。以上述觀察為基礎進行配種並統計子代性別，發現帶有短小染色體的精子與卵子結合之子代為雄性；而

帶有正常長度染色體的精子與卵子結合之子代為雌性。依此結果,史蒂文斯推論此一明顯短小的染色體為決定性別的關鍵因子,稱為 Y 染色體;而長度正常的另一條染色體為 X 染色體,兩者皆為性染色體。

　　發現性染色體後,科學家開始思考一個問題:若性染色體與一般染色體都具有基因,假如影響某個性狀表徵的等位基因是在性染色體上,那遺傳模式會跟孟德爾的遺傳法則會有何不同?

　　的確,性染色體,尤其是 X 染色體,帶有許多與決定性別不相關的基因,而這些基因可決定生物體之某種性狀,例如:視覺辨色力等。這些與性染色體相關的遺傳模式,我們稱之為「性聯遺傳」。對人類而言,通常是指與 X 染色體連結的遺傳現象。假如性聯遺傳的表徵顯現基因型是屬於隱性等位基因,雌性子代要顯現出此種表現型,其基因型勢必為同型合子。意即,親代傳遞給子代的兩個 X 染色體,都是具有隱性基因型。但是,由於雄性子代具備之性染色體為 1X1Y,因此若是由母方傳給雄性子代的 X 染色體為隱性基因型(父方傳遞 Y 染色體,Y 染色體不帶有該性狀的等位基因),則雄性子代即會顯現此種隱性表現型,這也說明為何性聯遺傳相關的疾病,雄性發生的比例要比雌性來得高出許多。

　　常見的紅綠色盲遺傳疾病,就是一種性聯遺傳疾病。若我們以 B 代表正常視覺辨色力顯性等位基因,b 代表色盲隱性等位基因,由於此等位基因坐落於 X 染色體,一般會將此類基因標示為 X^B 或 X^b。女性子代若是要顯現出色盲之隱性表現型,此對等位基因必須要是同型合子,也就是基因型為 X^bX^b(若為 X^BX^B 或 X^BX^b 則具有正常辨色力)。但是,男性子代因為只有一個 X 染色體,因此若母方給予雄性子代一個隱性

基因型 X^b，此雄性子代就會以基因型 X^bY 而有色盲之表現型。

　　若是父母親都沒有色盲之遺傳疾病，其子代是否會產生色盲？此問題的回答就要分別以父母親之基因型，以及子代為男性或女性來逐一分析回答。首先，父親沒有色盲表示其 X 染色體上的等位基因為 X^B，不帶有色盲隱性基因。母親也沒有色盲之遺傳疾病，表示其成對 X 染色體上的等位基因可能為 X^BX^B 或 X^BX^b。若母親基因型為 X^BX^B，子代不分男性（X^BY）女性（X^BX^B）皆具正常辨色力。但是，若母親基因型為 X^BX^b，表示母親為色盲隱性基因攜帶者，男性子代患有色盲之機率為 50%（X^BY：X^bY 為 1：1），而女性子代患有色盲之機率為 0（X^BX^B 及 X^BX^b 皆具正常辨色力，X^BX^B：X^BX^b 為 1：1），但是會有 50% 的機率跟母親一樣為色盲隱性基因之帶原者。

2-2　遺傳物質

　　洒吞及巴夫來在遺傳的染色體學說中推論孟德爾遺傳法則的遺傳因子（後改稱為基因），應是位於細胞核內的染色體上。20 世紀時，藉由化學性質的分析，科學界已知道真核細胞染色體的架構含有 DNA 以及蛋白質。當時尚不清楚 DNA 為遺傳物質，只因蛋白質結構較為複雜，可藉由二十種胺基酸組成不同序列（相對於 DNA 的四種），為具複雜結構的有機物質，且在染色體內含量比例高於 DNA，所以也有不少科學家認為蛋白質是遺傳物質。後來科學界藉由一些設計巧妙的實驗，驗證了遺傳物質是 DNA 而非蛋白質，也開啟後續 DNA 結構的解密，以及分子生物學領域的蓬勃發展。

跨領域素養 ▶▶ 基因就是資訊，Biotech=IT

　　施老師高中生物很差，不知道各位同學是不是也一樣，始終沒辦法搞清楚基因和 DNA 的區別。基因就是 DNA 嗎？基因由 DNA 組成，那它是一種物質嗎？如果它不是物質，它在哪裡？

　　過了三十年我才搞清楚，這個問題就像在問：貝多芬的第七號交響曲、李白的《將進酒》在哪裡一樣！

　　很顯然，貝多芬的第七號交響曲「不是」記載它的樂譜，李白的《將進酒》也「不是」記載它的那本詩集。它們只是「作品」的載體——基因也「不是」DNA 或 RNA。

　　更進一步思考，貝多芬的第七號交響曲不屬於演奏它的樂團，李白的《將進酒》也不屬於朗誦它、抄錄它、傳播它的詩人或酒鬼——基因也不屬於用它來製造蛋白質的蛋白質工廠。〔附帶一提，臺南的奇美博物館有個樂器展示廳，常態性播放國家交響樂團（NSO）演奏的貝多芬第七號交響曲，大家可以去欣賞。〕

　　總歸一句：基因不是物質，也不屬於物質。它就是資訊（information），一段記載著生命密碼的程式，無形無色、看不到也摸不到。

　　和華生一起發現 DNA 的克里克非常簡潔的闡述中心法則（Central Dogma）：

　　只要「資訊」進入蛋白質，就再也無法離開。說得更詳細一點，資訊也許能從核酸傳到核酸或從核酸傳到蛋白質，但不可能從蛋白質傳到蛋白質或從蛋白質傳到核酸。[14]

14　《資訊》，p. 274。

這一段話非常值得玩味，我們來分析 ——

1. 他非常明確的定義出「資訊」是這個法則的核心主體，是整段話的主詞。核酸（DNA, RNA）也好，蛋白質也好，都只是資訊的載體。DNA 就像電腦的硬碟，記載一段程式碼。RNA 就像電腦的記憶體 RAM，載入程式碼後傳給中央處理器蛋白質，蛋白質再製造出其他更多蛋白質。

2. 資訊一旦進了蛋白質，就再也無法離開。永久性的「附著」或「鑲嵌」在蛋白質上面，就像唯讀記憶體 ROM（或光碟）一樣，一旦寫入資訊，就無法再更動，也永遠不會被抹除或消失。

3. 雖然蛋白質工廠能製造出更多蛋白質資訊載體。但是，生物體本身沒辦法直接從蛋白質載體上面將程式碼讀回來，重新載入蛋白質工廠去執行。這點和 ROM 光碟很不一樣。

不知道你是否發現，我們用一大堆資訊科技（Information Technology）的術語來比喻，居然也講得通，你也讀得懂耶！課本裡的基因、遺傳章節甚至不是用比喻，而是直接使用到位元（bit）、字母（word）、編輯（compile）、轉譯（translation）、贅餘（redundancy）……這些術語和名詞來描述遺傳機制。如果早三十年這樣寫，讀 IT 的施老師說不定就懂生物學了。

學測「國文」科曾經考過《自私的基因》這本經典著作（我不會把它界定為國文科、生物科或其他科，它就是跨領域，你應該找來看。）作者理查・道金斯提出了充滿智慧又具顛覆性的看法：「基因創造了我們，創造我們的身和心，它們的存續就是我們存在的終極目的。這些複製者走了漫漫長路，如今以基因之名存活著，而我們是它們的求生機器。」[15]

這句話的顛覆性在於，放棄了以「人」為主體的思考方式。人，不就是基因的生存機器而已。人的生命目的很單純，就是讓基因當作「工具」，來延續基因的生存罷了。想當然耳，這引起了一大票人本主義者的反彈。但他們又舉不出科學證據來否認，真是太好玩了。

好啦！嚴肅一點。道金斯的這段話也點出了一個沒那麼明顯卻很深刻的道理：人生必有死，但基因是不朽的。

為什麼呢？基因本身只是資訊，沒有物質性的實體，也就不需要遵循熱力學第二定律（不懂記得複習喔！）。透過不斷的複製，如果沒有意外的話，1 永遠是 1，0 永遠是 0，ATCG 還是 ATCG，不管哪一代的資訊永遠是最初那一代資訊。資訊永生。

說了這麼多，你應該可以澈底了解「基因就是資訊」的本質。因此，現代的生物科技業（Biotech）就是資訊產業 IT——生物歸生物科、資訊歸資訊科，那種傳統的學科分界已經過時了，你應該採取跨領域的觀點來看待這個整合性學科。

臺灣是 IT 大國，讀生物的前景不可限量。

---

15 《資訊》，p. 277。

核酸

對應課綱	
學習內容	學習內容說明
BGa-Vc-5 遺傳物質為核酸。	5-1 核酸中的 DNA 可承載傳達訊息。 5-2 【探討活動】DNA 的粗萃取,避免使用雞血為材料。 5-3 每段 DNA 分子上有許多基因,不涉及 DNA 的分子結構式。

　　在發現真核細胞染色體的架構含有 DNA 以及蛋白質後,科學界對於遺傳物質為蛋白質或是核酸,皆有各自的論點。最早驗證核酸為遺傳物質的起手式實驗,大致可回推到 1928 年由格里菲斯(Frederick Griffith)所發表的細菌轉形實驗。他發現肺炎鏈球菌有包含光滑型(S 型)以及粗糙型(R 型)兩種不同表面特性。光滑型細菌可導致老鼠染病死亡,而粗糙型則不會。當他將光滑型細菌殺死後混入活著的粗糙型細菌,並注射入老鼠體內,結果發現部分老鼠會染病死亡;且可從這些死亡老鼠中分離出光滑型細菌,因此格里菲斯推論死亡的光滑型細菌,有某種物質藉由轉型(transformation)進入粗糙型細菌內,讓粗糙型細菌獲得原本缺乏的致病性質。

　　數年後,艾佛瑞(Oswald Avery)、麥克羅(Colin MacLeod)以及馬卡地(Maclyn McCarty)研究團隊以格里菲斯實驗為基礎,從殺死的光滑型細菌中純化出許多物質,並將這些純化的物質分別藉由轉型加入粗糙型細菌內,結果驗證只有 DNA

可將光滑型細菌之致病力，帶給粗糙型細菌。至此，建立核酸為遺傳物質的初始實驗證據基礎。後續赫雪（Alfred Day Hershey）與蔡斯（Martha Chase）的噬菌體實驗，以放射性同位素標定核酸與蛋白質進行實驗，也同樣驗證 DNA 才是遺傳物質，至此核酸為遺傳物質的理論開始被廣為接受。

建立 DNA 才是染色體上帶有遺傳資訊的物質之觀念後，結合染色體學說，可推論得知基因位於染色體上的 DNA 內。以人類而言，遺傳性狀的種類遠遠多於染色體的數目，故推論每條染色體上應含有許多不同的基因，以決定各種不同的性狀。因此，我們可以簡要陳述：相對於染色體是由一段非常長的 DNA 與相關的蛋白質所組成，基因位於染色體上的一小片段 DNA 上；而染色體上含有相當數量的基因。

DNA 的構造

確認 DNA 是染色體上帶有遺傳資訊的物質後，下一個科學家想要問的問題是，DNA 的結構為何？了解 DNA 的結構後，才能夠清楚解析 DNA 如何進行遺傳相關的功能以及其機制流程，也因此在 1950 年代許多科學家卯足全力想了解 DNA 的結構。

1953 年，華生（James Watson）和克里克（Francis Crick）依據富蘭克林（Rosalind Elsie Franklin）和威爾金斯（Maurice H. F. Wilkins）所完成 DNA 的 X 光繞射圖，以及其他科學家已建立 DNA 之資訊，推論出 DNA 雙股螺旋的構造。

DNA 全名為 deoxyribonucleic acid（去氧核糖核酸），以去氧核糖核苷酸為基本單位聚合而成。去氧核糖核苷酸的成分則包含去氧核糖、磷酸根以及含氮鹼基。含氮鹼基可分為嘌呤及嘧啶兩類，嘌呤則包含腺嘌呤（adenine，簡寫代號 A）與鳥糞

嘌呤（guanine，簡寫代號 G），而嘧啶則包含胞嘧啶（cytosine，簡寫代號 C）及胸腺嘧啶（thymine，簡寫代號 T）。

在華生和克里克推導出的 DNA 雙股螺旋模型中，身為基本單位的去氧核糖核苷酸彼此聚合成為一股聚核苷酸鏈，兩股聚核苷酸鏈以反向平行之方式形成雙股螺旋 DNA。在聚核苷酸鏈中，去氧核糖及磷酸根組構成骨架，兩股聚核苷酸鏈之間則是藉由配對的含氮鹼基（鹼基配對，A 與 T 配對，G 與 C 配對）將兩個單股內聚，以形成雙股螺旋的穩定架構。

分子遺傳學的中心法則

對應課綱	
學習內容	學習內容說明
BGa-Vc-6 分子遺傳學的中心法則。	6-1 說明分子遺傳學的中心法則之概念。 6-2 簡介 DNA 的複製過程，不涉及機制。除聚合酶外，不涉及其他酶與蛋白質的名稱或作用。 6-3 簡介轉錄與轉譯的過程，不涉及機制與基因表現的調控。 6-4 可延伸認識芭芭拉‧麥克林塔克（Barbara McClintock）在基因研究的重要貢獻之發展歷程。

　　華生和克里克推導出 DNA 雙股螺旋模型，揭開遺傳物質的基本架構後，猶如在遺傳運作機制的釐清上揭開一道曙光，也讓接續的科學家有所依循，進而發現遺傳學的分子機制──也就是分子遺傳學的中心法則，DNA 複製、DNA 轉錄為 RNA，以及 RNA 轉譯成蛋白質的過程。

DNA 的複製

　　無論是原核細胞還是真核細胞，當細胞進行分裂時，所有遺傳物質，也就是 DNA，也必須要複製，然後分配給兩個子細胞，每個分裂完的子細胞才能帶有完整的一套遺傳訊息。

　　在 DNA 複製的過程中，母細胞的雙股螺旋 DNA 會解開，顯現出含氮鹼基的資訊且各自成為單股模板，模板的 DNA 序列依鹼基配對的原則（A 與 T 配對，G 與 C 配對），提供 DNA 聚合酶互補配對的資訊，取細胞核內的去氧核糖核苷酸為聚合的原料，以半保留複製的形式忠實地完成新一股 DNA 的聚合複製。每個複製出來的雙股 DNA，其中一股為新合成股，而另外一股為原本雙股螺旋 DNA 的其中一股，最終形成兩份與母細胞 DNA 遺傳資訊相同的 DNA，以完整分配給子細胞。

基因的表現：轉錄及轉譯作用

　　DNA 複製確保分裂的子細胞都含有原本母細胞的完整遺傳資訊。但細胞的各項功能若要正常運作，必須藉由基因的表現來達成，也就是藉由轉錄作用將基因的 DNA

轉錄為 RNA，再藉由轉譯作用將 RNA 轉譯為蛋白質。

　　如此一來，以 DNA 形式儲存的資訊將轉換為可實際執行工作的蛋白質，例如：通道蛋白質運送物質、酵素催化生化反應、細胞骨架蛋白質維持型態……，讓各項細胞機制可運作。若將每個基因 DNA 所儲存的遺傳資訊，比喻為製作機器的藍圖密碼，轉錄作用可將此密碼文件轉換為可閱讀的形式，轉譯作用則閱讀此一文件並製造機器，機器便可運作以執行功能。機器大小、功能各有不同，以此概念回推各個基因 DNA 片段也是長短不同、序列不同，並儲存了可執行不同功能的遺傳資訊。

　　轉錄作用在細胞內啟動時（真核細胞在細胞核內，原核細胞則無細胞核），基因的 DNA 雙股會解開，並以雙股中的其中一股為模板，RNA 聚合酶會以此 DNA 模板股所呈現之鹼基資訊，進行互補聚合作用——取細胞核內的核糖核苷酸為聚合的原料，產生出單股 RNA。

　　RNA（ribonucleic acid）也是核酸，但不同於 DNA 的是，RNA 由核糖核苷酸為單位組成核糖核酸（DNA 是以「去氧」核糖核苷酸為單位組成），且以單股之狀態呈現，並以尿嘧啶（uracil，簡寫代號 U，鹼基配對，U 與 A 配對）取代胸腺嘧啶。

　　轉譯作用則是基因表現的第二階段，在轉錄作用製造出 RNA 後，RNA 在細胞質中由核糖體將 RNA 資訊轉換成胺基酸並組成蛋白質，整個轉譯過程也需要不少酵素及蛋白質的參與。

芭芭拉・麥克林塔克（Barbara McClintock）在基因研究的重要貢獻

　　1950 年代，DNA 背景知識及相關運作機制如雨後春筍般一一被提出，當時科學

家對於基因在染色體的主流陳述，皆認為基因在染色體上的位置與順序是固定不移動的。然此時，卻有科學家基於本身對玉米顏色的觀察，並透過實驗驗證與推導，發現DNA 轉位子（transposons）在染色體上移動的證據並公開發表，她就是芭芭拉‧麥克林塔克（Barbara McClintock）。

　　芭芭拉‧麥克林塔克在世界著名的分子生物學重鎮機構冷泉港實驗室（Cold Spring Harbor Laboratory，華生也在這）從事研究工作，當時她的研究主題之一為探討同一玉米穗上呈現不同顏色玉米粒（紫色、白色或斑紋狀等顏色）的現象，由於當時分子生物學相關研究技術不如今日如此先進，因此她透過遺傳學上傳統雜交方式來進行她的玉米實驗。數年實驗後，她解開了雜色玉米之謎，成因是 DNA 轉位子在染色體上移動。玉米粒之所以可呈現紫色，是因為基因製造色素累積而成，但當 DNA轉位子因移動而隨機插入並破壞色素基因時，導致色素無法製造，形成白色玉米粒。至於斑紋狀玉米，則是因為原本插入於色素基因的轉位子，在玉米粒發育過程跳脫原本的位置，讓色素基因回復色素生產，形成同一玉米粒有斑紋或斑點狀之現象（發育過程細胞會增生，因此轉位子跳脫前，玉米粒上的細胞為白色，跳脫後則為紫色）。

　　芭芭拉‧麥克林塔克在發表轉位子時，並未在科學界獲得太大迴響。甚至，有許多懷疑及訕笑的批評加諸在她身上。然而，科學現象的真知灼見是無法抹滅的，在她提出轉位子現象後十數年，科學界逐漸在其他物種發現轉位現象（transposition），也逐漸認定此一現象所產生之各式 DNA 重組在物種演化可能扮演重要角色。讓她在1950 年代所提出如先知般的轉位子研究，獲得科學界的肯定，於 1983 年獲頒諾貝爾生理醫學獎。芭芭拉‧麥克林塔克在當時社會背景之下，以一位女性科學家的身分，

突破各種困境並堅持自身的研究，最終獲得各界肯定，著實為科學研究典範之一。

同一性狀具有不同的表徵

對應課綱	
學習內容	**學習內容說明**
BGa-Vc-7 同一性狀具有不同的表徵。	7-1 不同的表徵是因為遺傳變異所造成。 7-2 性狀表現受環境因子的影響。

　　孟德爾從觀察豌豆實驗中，以親代、子代間同一性狀不同表徵的計算推估，建立起遺傳法則，並由後世科學家接棒解密更細微的機制，也定義出遺傳因子等同基因，以及建立分子遺傳學運作的中心法則。然而，為何同一性狀會具有不同的表徵，基本上有諸多細部成因。我們可分為遺傳變異（genetic variation）以及環境因子的影響兩項來討論——

　　影響性狀之基因為 DNA 片段，DNA 分子一般來說相當穩定，且細胞內有許多機制會進行 DNA 的修復以維持其穩定性。雖說 DNA 分子存在相當穩定，但卻也並非完全沒有變化（試想基因若完全不產生變化，會有何種現象？）在某些狀況下 DNA 會產生變異，例如：生殖細胞進行減數分裂時，會產生 DNA 重組，重組後的 DNA 有機會影響子代性狀的表徵。此外，各種不同原因所引發的突變，也有可能造成基因 DNA 序列的改變，也有機會影響表徵。

　　以野生型豌豆和許多其他植物的花色為例，花色呈現紫色是色素分子積累的結果，而基因會影響色素分子產生與否。在孟德爾的遺傳理論上，豌豆花色紫色為顯性（等位基因型為 PP 或 Pp），豌豆花色白色為隱性（等位基因型為 pp）。後來科學家發現，顯性等位基因 P 可產生協助色素分子合成之蛋白質，但是隱性等位基因 p 為發生突變遺傳變異之基因，無法產生協助色素分子合成之蛋白質。若基因型為隱性組合 pp，色素分子無從生產累積，因而顯現白色花朵的表徵。

　　決定生物體的性狀時，基因似乎是根本因素，然而環境在遺傳學中的重要性也不可否認。在不少例子上，環境因子也會影響性狀的表現。

　　環境因子有許多不同類型，以溫度為例，喜馬拉雅兔有基因可控制皮毛色素產生。此基因所表達產生之酵素對溫度敏感，在環境溫度介於 15 至 25℃之間，此酵素會處於活躍狀態；但在 35℃以上則無活性──這種環境溫度調節酵素活性的現象產生了具有獨特毛色的兔子。在兔子身體溫暖的中央部位，酵素處於非活性狀態，不產生色素，導致皮毛顏色為白色，而在兔子的四肢（即耳朵、鼻尖和腳）溫度遠低於 35℃，酵素在此相對低溫部位會產生色素，使動物的這些部位變黑。

　　環境因子影響性狀表現另一個著名的例子為，繡球花花色與土壤酸鹼值的關聯度。當繡球花生長在土壤偏酸性的環境時，繡球花的花色會偏向藍色或紫色；但是當繡球花生長在土壤環境偏鹼性時，繡球花的花色會偏向粉紅色。這些不同花色的繡球花因土壤酸鹼值不同而有不同表徵顯現，不是因為顯性、隱性等位基因之影響，而是因為土壤酸鹼值會影響到土壤中鋁元素的狀態。在土壤偏酸的環境，鋁元素容易被繡球花植物吸收，吸收到繡球花內的鋁元素會與植物內的化學物質結合形成藍色化合

物，因此在偏酸性土壤環境下繡球花呈現藍色至紫色，但在鹼性土壤環境時，鋁元素容易與氫氧根離子結合形成錯合物，此錯合物狀態下繡球花植物不易吸收，故無法形成藍色化合物，因此繡球花呈現粉紅色。

2-3 基因轉殖技術與其應用

對應課綱	
學習內容	學習內容說明
科學、科技、社會及人文（M） 科學在生活中的應用（Mc） BMc-Vc-1 基因轉殖技術的應用。	1-1 簡介重組 DNA 與基因轉殖技術的應用。 1-2 不涉及機制與化學分子結構式。 1-3 學習內容可與次主題「生殖與遺傳」整合，以達到概念的完整性。

生物科技

生物科技（Bio-technology），廣泛來說是指人類操作任何自然界的生物系統、個體或細胞成分等，來製造有用的產物或達成人類所需之目的。例如：歷史悠久的釀酒、製造起司以及生物育種等，都可以算是生物科技。在遺傳物質解密以及相關分子機制陸續闡明後，DNA 技術讓人類在遺傳工程的操作上獲得了空前的知識，產生了巨大的革命，也成為生物科技的顯學。

遺傳工程的根本核心是重組 DNA。科學家可操作 DNA 重組來達成特殊生產的

目的，例如：產生眾多的蛋白質、賀爾蒙、抗凝血因子以及生物製劑等。現今以遺傳工程產生之人類所需產品琳瑯滿目，回顧歷史，早在 1982 年由美國食品藥物管理局（FDA）第一個核准上市遺傳工程藥物 —— 胰島素，就造成當時醫藥界的轟動。早期胰島素是由動物胰臟萃取而得，價格高昂且供不應求。利用遺傳工程製造胰島素，將人類胰島素基因重組後送入大腸桿菌，以大腸桿菌為宿主細胞生產胰島素，達成提高生產量之目的，同時降低生產成本，造福許多需要施打胰島素的糖尿病患者。

　　以胰島素之遺傳工程生產方式為例，我們可把遺傳工程分成「重組 DNA」以及「基因轉殖」兩個階段來說明 ——

重組 DNA 與基因轉殖技術的應用

　　重組 DNA，顧名思義就是將 DNA 進行重新組合。DNA 的來源可以是相同物種，也可以是不同物種的生物。因為 DNA 本質相同（說穿了即是一串化學結構相同的去氧核糖核酸），所以不同物種的 DNA 在重組上並不會不相容而導致衝突。DNA 重組可以用很多不同的技術加以達成，最基本也最容易理解的技術，就是以酵素來切剪及接合 DNA。

　　想像當我們在進行剪紙美術作業時，會用剪刀將不同顏色的紙剪下，再用漿糊將這些紙片黏在一起，完成一個作品。DNA 重組用的剪刀就是「限制酶」，而 DNA 重組的漿糊就是「連接酶」。限制酶可將 DNA 從特定位置切剪下來，並且在兩端留下切位；而連接酶可將具有相容切位，來源相同或者不同的 DNA 連結在一起，完成 DNA 的重組。舉胰島素之 DNA 重組方式為例，我們可利用限制酶，將人類胰島素基

因之 DNA（目標 DNA）切剪下來，此時切剪下來的 DNA 兩端留有限制酶之切口。再來，我們選擇一個合適的載體 DNA，並用相同的限制酶進行切剪。載體 DNA 的作用為搭載目標 DNA，而且帶有能在宿主細胞表達目標 DNA 的資訊。此時胰島素 DNA 與載體 DNA 具有相容之限制酶切口，連接酶就可以將此兩段來源不同的 DNA 連接在一起，完成 DNA 的重組。

　　操作上述限制酶與連接酶的重組過程時，是在細胞外以人工的方式進行實驗流程，因此，重組完成的 DNA 也就只是一段儲存資訊的 DNA 分子，沒有辦法像變魔術一樣直接將重組 DNA 變成蛋白質產物。

　　那要如何才能將此重組 DNA 的資訊轉換為蛋白質產物呢？我們可以把重組 DNA 想像成是製作物品的藍圖，這個藍圖必須要進入工廠的生產線流程才可以製造出產品。

　　我們必須將重組 DNA（藍圖）放入細胞（工廠）內，藉由細胞內的各項流程將蛋白質（產物）依照重組 DNA 所提供的資訊製造出來。同樣以上述胰島素製作為例，科學家將重組 DNA 放入大腸桿菌，經由大腸桿菌細胞內進行轉錄、轉譯機制的各項流程，將胰島素產物製造出來。將 DNA 移轉入細胞內的技術，我們稱為基因轉殖技術。現今有許多不同的技術可將 DNA 移轉入細胞內，而接受 DNA 的細胞可以是真核細胞，也可以是原核細胞，選擇時可依實驗流程或產物特性來決定取用何種細胞當成宿主細胞，以生產最符合人類使用的產物。

素養導向試題

一、遺傳學家

　　研究構樹 A ～ E 五個基因和植株葉片面積大小的關係，這五個基因各有二種不同的等位基因，分別為：A1 和 A2；B1 和 B2；C1 和 C2；D1 和 D2；E1 和 E2，若只考量單一基因效應，則不同基因型的平均葉片面積如下表所示。

	基因型														
	A1A1	A1A2	A2A2	B1B1	B1B2	B2B2	C1C1	C1C2	C2C2	D1D1	D1D2	D2D2	E1E1	E1E2	E2E2
葉片面積 (cm²)	10.5	10.8	10.6	10.3	12.8	13.0	11.1	10.6	10.9	13.6	12.2	10.7	10.3	10.5	8.2

1. 請依據上表資料推定主要影響構樹葉片面積大小有關的基因有哪些並進行勾選？並請你說明是以哪些資料進行判斷？（請以完整句子敘述）

	A 基因	B 基因	C 基因	D 基因	E 基因
請勾選（應選三項）					
請完整說明以哪些資料進行判斷					

參考答案

	A 基因	B 基因	C 基因	D 基因	E 基因
請勾選 （應選三項）		✓		✓	✓
請完整說明 以哪些資料 進行判斷	由 A 和 C 的不同基因型（或是寫出 *A1A1*、*A1A2*、*A2A2* 以及 *C1C1*、*C1C2*、*C2C2*）的葉片面積無明顯差異進行判斷，此兩個 基因非主要影響葉片面積的基因。				

對應課綱

pa-Vc-2 能運用科學原理、思考智能、數學、統計等方法，從探究所得的資訊或數據，形
成解釋、理解、發現新知、獲知因果關係、理解科學相關的社會議題、解決問題
或是發現新的問題。並能將自己的探究結果和同學的結果或其他相關的資訊比較
對照，相互檢核，確認結果。

2. 承上題，下列與構樹葉片面積大小相關的敘述何者正確？

   (A) A1 對 A2 為隱性

   (B) B1 對 B2 為顯性

   (C) C1 對 C2 為顯性

   (D) D1 對 D2 為不完全顯性

   (E) E1 對 E2 為隱性

參考答案：（D）

　　(A)(C) 與葉片面積大小無關，故在此例無法由葉片面積判斷其遺傳情形。(B) B1B2 組結果相似於 B2B2 組，故 B1 對 B2 為隱性。(E) E1E2 組結果相似於 E1E1 組，E1 對 E2 為顯性。

對應課綱
pa-Vc-2 能運用科學原理、思考智能、數學、統計等方法，從探究所得的資訊或數據，形成解釋、理解、發現新知、獲知因果關係、理解科學相關的社會議題、解決問題或是發現新的問題。並能將自己的探究結果和同學的結果或其他相關的資訊比較對照，相互檢核，確認結果。

二、遺傳物質

　　菸草鑲嵌病毒（tobacco mosaic virus, TMV）是一種 RNA 病毒，容易感染菸草及其他茄科植物，能使受感染的葉片形成看起來斑駁汙損的病斑，而病斑是由病毒蛋白外殼所導致，若要檢測 TMV 的類型則須檢測其遺傳物質，而科學家從不同生病的植株中分離出甲、乙兩種不同的 TMV 品系，下面為兩種不同類型 TMV 對植物進行感染後的病斑樣式與分析情形。

感染植物的病毒類型	感染數日後的病斑樣式	由植株葉片中所分離且檢測出的病毒類型
甲型 TMV	甲	甲
乙型 TMV	乙	乙

生物課堂上老師請同學們根據上述資訊進行討論，有兩位同學發表了，請問下列哪位同學的敘述較為不合理？ 並請說明不合理的原因。

A 同學：若以組合型病毒 (乙型 TMV 蛋白質外殼 + 甲型 TMV 的 RNA) 對植物進行感染，感染數日後的病斑樣式會是甲，由植株葉片中所分離且檢測出的病毒類型會是甲型。

B 同學：若以組合型病毒 (乙型 TMV 蛋白質外殼 + 甲型 TMV 的 RNA) 對植物進行感染，感染數日後的病斑樣式會是乙，由植株葉片中所分離且檢測出的病毒類型會是甲型。

問題	答案
哪位同學的敘述較為不合理？	
請說明該敘述不合理之原因	

參考答案

問題	答案
哪位同學的敘述較為不合理？	B 同學
請說明該敘述不合理之原因	組合型病毒的遺傳物質為甲型 TMV 的 RNA，所以感染植物細胞後所複製產生的病毒皆為具備甲型蛋白外殼的甲型 TMV，而病斑自然大多由甲型蛋白外殼所導致。

三、遺傳工程及其應用 & 探討活動 —— DNA 粗萃取

　　DNA（deoxyribonucleic acid）稱為去氧核糖核酸，是一種由核苷酸作為單位所聚合而成的長鏈有機物，是目前已知所有生物的遺傳物質。在真核細胞內，位於細胞核中的 DNA 與五種稱為組織蛋白的蛋白質共同構成染色質。若一高中生使用番茄果肉細胞作為材料，將 DNA 萃取液加入細胞作用，使 DNA 自細胞核中釋出，再利用酒精將其析出，經過潤洗後之 DNA 進一步以其他生物技術分析該生物基因型或突變等特性。

　　以下為該生物所進行的 DNA 粗萃取實驗步驟：

Step1. 將番茄的外果皮去除，並將蒐集番茄果肉。

Step2. 將番茄果肉與 100ml 蒸餾水放入果汁機中，將果肉攪拌成泥狀並倒入燒杯中。

Step3. 加入 2.5ml 洗碗精水溶液，以玻棒攪拌 5 分鐘。

Step4. 加入 5ml 的 5M 食鹽水，以玻棒攪拌 5 分鐘。

Step5. 加入 5ml 的新鮮鳳梨汁，以玻棒攪拌 5 分鐘。

Step6. 將燒杯內的混合液以雙層紗布過濾，蒐集濾液到另一燒杯中。

Step7. 再取 5ml 濾液到試管內，用 95% 的冰酒精小心沿著管壁倒入試管中。

Step8. 蒐集溶液中析出的白色物質。

題目

若該高中生改以自己的口腔黏膜細胞為材料進行實驗，考量細胞類型的差異，請問上述的實驗步驟 2~5 中哪個步驟可以進行合適的修正？並請說明需要修正的原因。

要修正的步驟	請說明需要修正的原因

參考答案

要修正的步驟	請說明需要修正的原因
步驟 2	因為不同於植物細胞，口腔黏膜細胞無細胞壁，故無需使用果汁機對細胞壁進行破壞。

對應課綱
pa-Vc-2 能運用科學原理、思考智能、數學、統計等方法，從探究所得的資訊或數據，形成解釋、理解、發現新知、獲知因果關係、理解科學相關的社會議題、解決問題或是發現新的問題。並能將自己的探究結果和同學的結果或其他相關的資訊比較對照，相互檢核，確認結果。

03

演化與生物多樣性

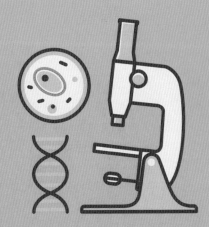

3-1 生物的演化

生物性狀的表徵比例會變動

對應課綱	
學習內容	**學習內容說明**
BGb-Vc-1 生物性狀的表徵比例會變動。	1-1【探討活動】可以英國胡椒蛾的體色為例，探討性狀的表徵比例可隨著環境與時間的變化而變動。

　　無論是動畫或者戲劇，常見日本忍者穿著黑色忍者衣在深夜裡穿梭自如執行任務。試想，若是改穿白色忍者衣，忍者能在深夜裡穿梭自如嗎？大多數人應該會馬上說不行，因為他失去了保護色。場景回到大自然，相信大多數人也都了解，許多生物因為保護色的關係，可在大自然有較高的存活率。那，在自然界是否有例子，其保護色的性狀表徵，會因為環境與時間的變化而產生表徵比例變動的現象呢？英國胡椒蛾體色比例變化的例子，或許可以讓我們一探究竟。

　　英國胡椒蛾在外觀表徵上大致可分為淺色蛾及深色蛾，為夜行性生物，一般在白天呈現休息不活動狀態，會有較長時間停留在樹幹上。在 18 ～ 19 世紀工業革命時期前的英國，常見胡椒蛾中，淺色蛾的比例相對於深色蛾高。推測是因為在顏色正常的樹幹上，淺色蛾所呈現偏白而斑駁的表徵，正好與樹幹所呈現的顏色相近。且，樹幹

上長的苔蘚與地衣為樹幹表面增添更多斑駁性，讓淺色蛾可如忍者般隱沒在背景環境下而不易被鳥類所察覺。相反地，深色蛾就沒有如此特性可躲避天敵，其深色表徵在顏色正常的樹幹上產生反差對比，因此容易被鳥類發現而捕食。

　　工業革命開始後廠房大增，燃燒煤炭的汙染物充斥在空氣中，也附著在樹幹上，導致原本樹幹的苔蘚、地衣逐步死亡，樹幹原本呈現之淡斑駁色也被煤灰等汙染物所覆蓋轉變為深色。在此階段，人們開始觀察到深色胡椒蛾的比例也較以往上升，某些區域比率高時甚至可高達 90% 以上。有假說認為，當樹幹因汙染呈現深色後，深色蛾停留在樹幹時，較淺色蛾來得隱蔽，因此淺色蛾被鳥類捕食的機率較高，此鳥類捕食之天擇最終導致深色蛾的比率逐步提高。

　　前述假說在 1950 年代由凱特威爾（H. B. D. Kettlewell）進行實驗驗證後顯示，環境因素與鳥類補食為胡椒蛾性狀的表徵比例變化之原因。凱特威爾的實驗設計為捉放法，在汙染區將腹部標定記號之深色及淺色胡椒蛾釋放到因汙染而呈現深色的樹幹上，再由鳥類隨意捕食。當日夜晚再以水銀燈及陷阱誘捕實驗區域的胡椒蛾，進行標記蛾的比例計算。實驗結果顯示，在汙染區域內隱蔽效果較佳的深色胡椒蛾相對不易被補食，有較高的存活比率。相反地，若是在未受汙染的區域進行前述實驗，結果則呈現淺色胡椒蛾有較高的存活率。凱特威爾本項實驗以科學方式探討表徵比例變化（深色及淺色胡椒蛾）與環境因素（工業革命時期）的關係。雖然後世科學家認為此項實驗過程與結果有不少疑問及瑕疵，支持或反對的意見都有，但經由科學界反覆討論與更嚴謹的實驗驗證，的確說明環境因素與鳥類捕食為胡椒蛾性狀表徵比例變化之主因。工業革命發展後，英國推行空氣汙染防治法案──清潔空氣法，逐漸改善先前

因工業快速發展所造成的環境汙染，也讓淺色胡椒蛾逐步回到工業革命前具有相對高比例的存在。英國胡椒蛾表徵比例之變化與工業革命前、中、後的關聯性，也提供給人類發展及生態變化平衡間一個反思的機會。

達爾文理論前的演化觀

對應課綱	
學習內容	**學習內容說明**
科學、科技、社會及人文（M） 科學發展的歷史（Mb） BMb-Vc-4 演化觀念的形成與發展。	4-1 從科學史的觀點，探討演化觀念的形成與發展之歷程。 4-2 學習內容可與次主題「演化」整合，以達到概念的完整性。

　　達爾文的《物種源始》衝擊西方社會幾個世紀以來盛行的世界觀，甚至動搖了西方宗教傳統文化的根源。早期傳統主流觀念認為，人類只有數千年的歷史。地球上的生命形式從一開始被創造出來（如亞當、夏娃）後，便一直維持外觀型態不變（上帝的形象），與達爾文對生物逐漸演化的觀點形成強烈對比。

　　在達爾文的演化理論盛行之前，西方社會對於生物物種現象的主流觀念，大致可追溯到古希臘時代對早期西方科學產生重大影響的哲學家亞里斯多德（西元前 384-322 年）。他認為生物物種是固定不變的，生命形式可以排列在複雜程度不斷增加的

階梯上。每個生命在此自然梯級上皆有其特殊位階,且所有的生物物種皆是完美而永恆存在。亞里斯多德的想法與聖經關於創造的記載相吻合,認為生物物種是經由上帝完美設計而創造出來的,也就是一般所認知的神創論(creationism)。儘管陸續也有哲學家認為生命可能是逐漸演化而成的,但在當時保守宗教環境的時空背景下,無法成為主流意見而不被重視。前述主流觀念延伸到 18 世紀,許多科學家仍將生物體對環境的適應性,解釋為造物者對每個物種的巧妙設計。分類學的創始人瑞典科學家林奈(Carolus Linnaeus, 1707-1778)將相似的生物物種分門別類,整理出生物物種在分類上的秩序性。在林奈的觀念中,某些物種彼此相似,並不代表著演化上的親緣關係,而是它們源自於相似的「創造模式」,試圖將生命的多樣性與秩序性解釋為上帝巧妙的創造。雖然林奈屬於神創論的支持者,但是藉由透過他仔細觀察而創造的分類系統,後續也影響了達爾文的演化理論。

法國科學家喬治居維葉 (Georges Cuvier, 1769-1832)觀察巴黎周圍地區的岩層時發現,當地層越深,其化石型態與表層化石的差異越大。同時他也發現,層與層之間會有物種的差異性,某些新物種出現,某些則會消失。因此,居維葉推論,滅絕在生命史上是常見的現象,每個地層之間的邊界都代表著一場災難(如大洪水),摧毀了當時當地的許多生物物種。由其他地區遷入的生物物種在同一地區重新繁衍茁壯──週期性災難導致滅絕、重生,不斷的循環。然而矛盾的是,居維葉卻奉行神創論,否定演化的可能性,也成為後人抨擊演化理論的根據之一。總的來說,雖然他秉持科學的態度,不畏當時保守的宗教環境,以實際觀察、仔細推論,並配合化石及解剖學的證據,提出物種滅絕的衝擊性概念;但是其奉行神創論的傳統主流觀念,否定

演化的理論，也限制了新觀念推動的契機。

　　相對於居維葉所持的災難論（catastrophism），許多科學家也開始推進漸變論（gradualism）的概念。蘇格蘭地質學家詹姆斯‧赫頓（James Hutton, 1726-1797）提出地球的地質特徵可用漸進機制來解釋，例如：地球上的山脈和海洋等景觀是經過長時間的漸進過程形成，也就是地質變化可以藉由緩慢而持續的過程累積產生。地球過去所發生的地質作用，都和現刻進行的各項作用相同，因此若要探索地球過去的演變史，就要先觀察並了解地球現刻正在發生的各種地質現象，並依此來推論演變過程。

　　另一位著名地質學家查爾斯‧萊爾（Charles Lyell, 1797-1875）則將赫頓的思想概念融入均變論（uniformitarianism）。萊爾認為，現今地球地質種種變化的過程與原理，與已發生的過去及尚未發生的未來皆相同，都是依循同樣的自然法則以均一、緩慢而漸進的方式演變。均變論原則說明「現在是通往過去的一把鑰匙」（The present is the key to the past），對地質科學產生了深遠的影響。赫頓和萊爾的理論也影響了達爾文。達爾文認為如果地質變化是由緩慢、連續累積的過程而產生，不是由突發事件所造成，那地球的年齡一定比由愛爾蘭主教詹姆斯‧烏雪（James Ussher, 1581-1656）在 1650 年代根據聖經所估計的「六千年左右」要古老得多。達爾文也推論，類似上述緩慢而連續累積的變化過程，也可能會發生在生物體，導致生物體產生變化。

　　18 世紀法國科學家布豐（Georges-Louis Leclerc, Comte de Buffon, 1707-1788）研究化石發現，古生物的化石和現代生物有明顯區別，而在生物型態及解剖學研究上也發現某些動物具有不完善的退化器官（如渡渡鳥的翅膀不具飛行功能），於

是推論，生物物種具演變性，與主張生物物種應是固定不變（古今生物的差異性）且完美（退化不完善）的神創論，產生不吻合的衝突性。

後繼的法國學者拉馬克（Jean-Baptiste Pierre Antoine de Monet, chevalier de Lamarck, 1744-1829）承襲布豐的論點，藉由將當前物種與化石進行縝密觀察與比較，歸納出遠古至近代化石與現代存活物種的演變關聯性。他在 1809 年發表的《動物學哲學》（*Philosophie zoologique*）一書中認為，生物會隨著環境變動而發生改變。

拉馬克的理論有兩個主要概念，即「用進廢退 」與「獲得性遺傳」。在用進廢退說（use and disuse）認為，頻繁使用的身體部位會變得發達，而未使用的部位則退化。他舉長頸鹿伸長脖子伸向高樹枝上的葉子為例，認為長頸鹿原本脖子可能沒有那麼長，但為了能吃到樹上較高部位的葉子而不斷伸長脖子，最終脖子變得越來越長。獲得性遺傳（inheritance of acquired characteristics）的概念認為，生物體可以將這些因適應環境而改變的特徵傳遞給它的後代；也就是前述因攝食之故脖子變得越來越長的長頸鹿，可以將長脖子的特徵遺傳給牠的後代。拉馬克的理論在當時以神創論為主流的時空背景下並未受到認同，並且受到否定演化理論派的居維葉強力抨擊。

拉馬克是首位有系統性地論述演化理論的學者。雖然以今日的眼光來看，拉馬克的理論並不完全正確。但他有遠見地以演化概念解釋古今化石演變及生物體如何適應環境，依舊帶給後世深遠的啟發。

達爾文的演化理論

對應課綱	
學習內容	學習內容說明
BGb-Vc-2 達爾文的演化理論。	2-1 說明共同祖先的概念與演化理論的關係。 2-2 說明天擇的概念與演化理論的關係。

　　時序進入 19 世紀，神創論依舊盛行，物種自從被創造以來一直保持不變的觀念深植人心，但科學家對於生物物種演化的概念，也逐漸萌芽茁壯。英國博物學家達爾文（Charles Robert Darwin, 1809-1882）也在此時期提出他撼動世界的演化理論。

　　1831 年，22 歲的達爾文乘坐小獵犬號離開英國，開啟了他對未來演化觀念發展的航程。小獵犬號此次航程的主要任務是繪製南美洲海岸線圖，也讓達爾文有機會觀察和蒐集到為數眾多且適應在不同環境生長的南美洲動植物。從比對化石與現存物種的異同，達爾文也發現化石型態雖然與現存物種明顯不同，但與歐洲溫帶地區的物種相比，南美洲溫帶地區的動植物更類似於生活在南美洲熱帶地區的物種，呈現出當兩個地區距離越相近，生物物種的組成也會越相近的概念。同時，達爾文在旅途中也觀察到某些不能飛行的鳥類，而這些現象與神創論中上帝設計出的物種都是完美的觀念相衝突（不能飛的鳥），結合他的觀察與上述布豐與拉馬克的理論，也讓達爾文對生物物種的演變產生疑問與興趣。

　　當小獵犬號航行到加拉巴哥群島，此處的生物更開啟了達爾文對物種與地理分布關聯性的深入探討。達爾文觀察發現，生活在加拉巴哥群島各小島上的同種生物，卻分別具有某些獨特特徵。以雀鳥為例，各小島間的雀鳥雖然外觀相近，但鳥喙卻差異頗大——這讓達爾文思考著生物多樣性的問題。雖然加拉巴哥群島上的動物與生活在南美洲大陸的物種相似，但大多數並不能在地球其他地方發現。因此，達爾文假設，加拉巴哥群島上的雀鳥原本是從南美洲大陸遷移而至，然後這些原本相同的雀鳥共同祖先，在各別島嶼上發生多樣化。但是，各別島嶼如何讓鳥喙的多樣性發生？在達爾文拜讀馬爾薩斯（Thomas Robert Malthus, 1766-1834）的人口論後受到很大的啟發——馬爾薩斯認為，人類的大部分災難與危機，都是因為「人口增長速度超過糧食（或其他資源）」後無法避免的結果。在糧食危機的壓力下，唯有競爭成功的人可獲取糧食並順利繁衍後代。

　　達爾文類比認為，各生物物種皆會過度繁衍後代以提高數量優勢，但在自然環境中競爭有限的糧食與其他資源，只有競爭成功的物種可順利繁衍後代。因此，具有受環境青睞表徵的物種，往往比沒有這些表徵的物種可產生更多的後代。這種差異化的繁衍過程，導致子代出現更高比例具有受環境青睞表徵的特性。

　　達爾文將適應環境和新物種起源視為密切相關的過程，共同祖先在不同環境下藉由逐漸累積對個別環境的適應能力，並克服環境給的壓力而演變出新物種。加拉巴哥群島各小島上雀鳥的喙和行為，適應了各個島上特定食物的獲取方式而具備生存優勢，如鳥喙厚實的雀鳥容易咬碎堅果或種子，鳥喙細長的雀鳥容易啄食果實。相反地，在競爭下無法克服環境壓力者則被淘汰，無法順利繁衍後代，最終演化出各個小島皆

具獨特的鳥喙多樣性。簡而言之，達爾文主張，具有某些表徵的物種，可能在某些環境下具有優勢而可適應環境（哪些表徵受到青睞則取決於環境），進而繁衍後代，展現適者生存的結果，而不適合環境的表徵則會逐漸弱化而消失，此即為天擇的概念。

　　達爾文在 1858 年與華萊士（Alfred Russel Wallace, 1823-1913）於林奈學會報上共同發表天擇說，並在隔年 1859 年出版《物種源始》（*On the Origin of Species*）一書，奠定了演化理論的重要里程碑。

跨領域素養 ▶▶ 物種起源

　　《物種起源》（英語：*On the Origin of Species*）或《物種源始》，全稱《論處在生存競爭中的物種之起源（源於自然選擇或者對偏好種族的保存）》（英語：*On the Origin of Species by Means of Natural Selection, or the Preservation of Favoured Races in the Struggle for Life*），是達爾文論述生物演化的重要著作，出版於 1859 年 。出版當時，不僅在生物學、科學的領域，連文學、哲學、神學等領域都掀起波瀾，可以說是 19 世紀最具爭議性及影響力的著作（之一）。在科學史上，也只有寥寥幾本著作，可比得上它的重要性 —— 牛頓的《自然哲學的數學原理》、亞當・史密斯的《國富論》……還有呢？實在也很難舉得出來。

　　撇除科學上的貢獻，單看文學上的造詣，這本書也是值得一再重讀玩味的典範。最著名、最常被引用的段落，就是全書的結語，其英文原文為：

　　"……Thus, from the war of nature, from famine and death, the most exalted object which we are capable of conceiving, namely, the production of the higher animals, directly follows. There is grandeur in this view of life, with its several powers, having been originally breathed into a few forms or into one; and that, whilst this planet has gone cycling on according to the fixed law of gravity, from so simple a beginning endless forms most beautiful and most wonderful have been, and are being, evolved."

簡譯：

> ……如此，從自然的戰爭裡、從飢餓和死亡裡（亦即生存競爭），高等動物隨之產生了。生命與其若干力量，源自於造物主以呼吸注入（引用聖經創世紀的說法）到少數或一個類型中，並且以這行星（地球）按照引力的既定法則（牛頓運動定律）運行下，從如此簡單（到不能再簡單）的類型，「演化」，並至今還在演化著，成為最美麗和最奇妙的類型——這個觀點是極其宏偉的。

　　怎麼樣？不是很容易讀，但讀懂了又會起雞皮疙瘩。真是最高級的科學散文。學測也曾經引用出題。

　　以下，提供數段段落，讓同學們試譯，並且與老師討論：

　　"One general law, leading to the advancement of all organic beings, namely, multiply, vary, let the strongest live and the weakest die."

簡譯：

提示：優勝劣敗，適者生存

"Man selects only for his own good: Nature only for that of the being which she tends."

簡譯：

提示：男性與女性的配合

"Nothing is easier than to admit in words the truth of the universal struggle for life, or more difficult-at least I have found it so-than constantly to bear this conclusion in mind."

簡譯：

提示：生存競爭

"But Natural Selection, as we shall hereafter see, is a power incessantly ready for action, and is immeasurably superior to man's feeble efforts, as the works of Nature are to those of Art."

簡譯：

提示：自然的鬼斧神工

"A grain in the balance will determine which individual shall live and which shall die - which variety or species shall increase in number, and which shall decrease, or finally become extinct."

簡譯：

提示：破壞自然平衡的後果

《物種起源》的中文譯本，在一百多年前，就由馬君武先生翻譯完成，其後經過多次的出版。後面也還有許多科學家的譯本。但由於著作權的緣故，不便於此直接引用。請自行上網查詢參考。

3-2 生命演化樹

共同祖先的概念對生物分類系統之影響

對應課綱	
學習內容	學習內容說明
BGb-Vc-3 共同祖先的概念對生物分類系統之影響。	3-1 以林奈的生物分類系統為例，說明早期的生物分類系統不具親緣關係與演化的概念。 3-2 說明共同祖先的概念對生物分類系統之影響。

　　生物分類系統創始於林奈。林奈發表《自然系統》（*Systema Naturae*）一書，書中記載他對當時已知所有動植物的分類。林奈為神創論支持者，認為神創萬物。因此，在林奈的分類根基上不包含演化上的親緣關係，也就沒有所謂共同祖先的概念，而是以評估相似性和差異性的特徵，將物種有秩序地劃分成多個類別。儘管如此，林奈生物分類系統的許多概念在系譜分類學中依舊承續使用，尤其是二名式命名法及階層式分類法。

　　生物的俗名，例如：猴子，通常都包含多個不同物種，無法精準地反映生物體的類型。為了避免溝通時產生混淆，生物學家用學名來精準命名每個物種。而學名的二名式命名法，便是由林奈制定。學名的第一部分是該物種所依歸的屬，因此稱為屬

名；第二部分是特定的種名，種名在同一屬內的每個物種都是獨一無二的。屬名為拉丁語的名詞，以斜體字型表示且首字字母大寫，而種名是拉丁語的形容詞，同樣以斜體字型表示但首字字母不大寫。以人的學名來舉例說明，Homo 代表人屬，在人屬下有許多不同的種，如由化石鑑定出來的尼安德塔人（Homo neanderthalensis）、直立人（Homo erectus）、海德堡人（Homo heidelbergensis）等，而現代人種 Homo sapiens 則為智人（智慧人）。林奈依二名式命名法訂定的學名有許多到現在仍在使用，其中就包含 Homo sapiens。

　　除了以二名式命名法命名物種外，林奈還以階層式分類法將分類的物種由下往上歸入越來越廣泛的類別層次結構中，此概念也啟發後繼學者逐漸採用更全面的分類類別，將相關屬放在同一個科中，將科歸入目，目歸入綱，綱歸入門，門歸入界，近期更將界歸入域（智人－人屬－人科－靈長目－哺乳綱－脊索動物門－動物界－真核生物域）。我們也可用地址的概念來想像階層式分類法，由上往下如亞洲－東亞－臺灣－高雄等再往下細分，區、里、鄰然後更細的地址就會出現，最後就可以精確的說出建築物的定位。

　　林奈在分類學先驅的角色雖啟發後繼學者甚多，但因為林奈的分類基礎上不含有共同祖先及演化親緣關係的成分，因此在達爾文於 1859 年出版《物種源始》推論共同祖先經克服環境壓力（天擇）而演化出新物種的概念廣為大眾接受後，也逐漸影響分類系統之演變。換句話說，在分類上追蹤物種演化親緣關係的概念始於達爾文。且與林奈生物分類系統不同的是，達爾文將演化意義帶入了分類系統，演化生物學家也以此演化親緣關係概念為依據，加入是否有演化自共同祖先的特徵為物種關係親近或

疏遠的分類原則，替代單純原本只評估相似性和差異性的特徵來鑑定，試圖重建這些過程的漫漫長史，以重現地球生命的整個演化，解析生命之樹。

跨領域素養 ▶▶ 第七界

　　三十年前剛學生物的時候，老師開宗明義說明了生物分類有七個階層，「界門綱目科屬種」我到今天還會背。樹狀分類結構中，每一層的不同類之間要（儘量）彼此互斥（mutual exclusive），而且要（儘量）能含括窮舉所有案例（exhaustiveness）。越上層越粗略，同一類的共同特徵（即生化藍圖）越少；越下層的越精細，同一類的共同特徵越多。以最上層的「界」而言，簡單只分兩類：動物與植物。一直到要寫作本書時，在維基百科上一查「生物分類」，才發現今天的分類方式，早就和三十年前不同囉！而且，每個門派還有不同的分類法，不見得意見一致呢！

　　這並不是壞事，這代表生物學這門學科也一直在進步演化中。所以，我們還是回到課綱裡最多共識的分類法，最上層的生物分類有六界：古菌、細菌、原生生物等三個單細胞生物界，加上真菌、植物與動物。最具爭議性的病毒，還是界於生物與非生物之間，沒法分進任何一界。

　　從演化的觀點來看，今天地球上所有的生物都是經歷了四十億年左右（數億世代）的時間，為了適應不斷變化的環境，才從最原始的共同祖先演化成今日的樣貌。其中，有一些物種學會了突破自身生理上的限制，開始會利用環境中的資源來建構某種結構物，強化自己在生存競爭中的優勢。比如海裡的珊瑚，是珊瑚蟲建構的矽質樹狀結構，裡面還有許多微小生物寄居其中。比如螞蟻會挖掘泥土，建築蟻丘，然後自己住在裡

面，裡面溫度幾乎恆定，就像開了空調；要是有破損，就會自發性地去修補。某些白蟻的蟻窩甚至高達兩公尺。蜜蜂、小鳥也會作類似的事情。蜘蛛會結網，蟄伏其中，靜靜等待獵物上門。更高等的生物，比如猩猩、猴子會使用工具，拿石頭砸開蚌殼、拿樹枝挖出蜜蠟……那就更不用說了。

想像有個外星人初次探訪地球，第一眼看到這些案例，會不會將珊瑚或整個蟻丘當作一個生物個體？會不會將蜘蛛和網一起當作一個生物個體呢？

回想一下本書一開始的生命定義：代謝、生長、感應、繁殖……這些案例都有，外星人的看法也不算不對喔！如果硬要和他辯論，你拿出第一章第一節的說法：有細胞才算生物！但保證你自己想想也覺得不舒服，是有細胞才算生物？還是生物一定要有細胞？誰規定的？似乎沒有非如此定義不可的自然理由。

且讓我們暫時接納外星人觀點，眼界就會豁然開朗。將生物及其延伸的結構加在一起，生物就擁有了自然以外的演化優勢。或者說，生物是和這些延伸結構「一起演化」，那就是同一個個體。

或者，更大膽一點，將這類「生物及延伸結構」定義為另一類生物？

以 "Stay hungry, stay foolish" 啟蒙了賈伯斯[16]的科技觀察家凱文·凱利 (Kevin Kelly) 提出了更大膽、睿智而深刻的洞見：生物分類應該有「第七界」，那就是人類向外延伸所形成的「科技體」。

基因建造身體、科技產物把身體往外推[17]。衣物是另一層皮膚，如果你想要，還

16　Google: 賈伯斯畢業演說。
17　《科技想要什麼》，p. 60。

可以加護甲，比甲蟲還厲害。我們可以隨時切換行動用的腳，有時換輪子、有時換滑板。我們的眼睛加上各種鏡頭超厲害，可以看近看遠、顯微透視都沒問題。我們的耳朵、嘴巴用手機延伸出去，可以跟幾千公里外的人溝通……如果這時外星人又來地球，很難看見你是光溜溜，身體沒有外掛任何科技產品。所以，說人類和科技混成一體的科技體，完全和前六界生物不一樣，獨立成一界，一點也不過分。

　　科技體是想法（idea）組成的生物[18]。這樣來理解，更能掌握第七界的精髓。想法的本質是資訊（Information）。前六界的生物要適應環境，靠的是下一代基因的變異，是物質性的。而第七界生物要適應環境，要靠想法的變異，是資訊性的。在熱力學第二定律、能量守恆定律……宇宙性定律的絕對性限制下，可想而知，資訊性的變異一定要比物質性的變異更容易、更快、更好，也更能適應環境。比如，要適應極端氣候，單純靠生物體的自然演化，要花幾十個、幾百個世代吧？肯定緩不濟急，還沒適應環境就滅亡了。但是，第七界的科技體反應就（可能可以）很快，治標救急可以建立恆溫防災的居住環境；治本永續就要發展減碳科技、新能源型態……，正如愛因斯坦所言，想像力比知識重要啊！

　　想像力到哪裡，科技體就能演化到哪裡。常常突破框架想事情，人類的未來就靠你了。

18　《科技想要什麼》，p. 60。

演化證據對生物分類系統演變之影響

對應課綱	
學習內容	**學習內容說明**
BGb-Vc-4 演化證據對生物分類系統演變之影響。	4-1 基於共同祖先的概念，探討依據演化證據，可重建生物間的親緣關係，可以鳥類與爬蟲類的親緣關係為例。 4-2 說明親緣關係的重建對生物分類系統演變的影響，可以五界分類系統調整為三域分類系統為例。 4-3 說明生物分類系統的調整與演變能更符合生物演化史中真實的親緣關係。 4-4 【探討活動】探討病毒在分類系統中的歸類問題。

　　達爾文將演化意義帶入分類系統後，科學家也發現越來越多的證據可支持由共同祖先演化之親緣關係，以進行物種分類──就如同達爾文在《物種源始》中提到：物種分類將盡可能成為系譜學的概念。因此，生物分類系統可基於從化石學、生物地理學、解剖學和分子生物學等物種演化證據中，推斷出共同祖先，重建生物間的親緣關係。

化石學證據

　　化石是過往生物體曾經存在的直接證據，而沉積岩是最豐富且最常見的化石來源。各式沉積物夾雜生物殘骸形成一層層具有年代順序的地層，包含了各年代的化石紀錄。科學家可藉由研究比對化石，推估地球上生物的演化過程。因為並非所有物種皆能形成化石，化石紀錄僅能記載大量但不完整的演化史。具有骨骼、硬殼或其他易石化部位的物種較易形成化石，也可能因地質被破壞而影響化石的品質。化石雖無法完全反映過往生物多樣性的真實面，但依然可提供過往生物變化的描述及實際證據。

生物地理學證據

　　生物地理學是研究生物在地球分布情形的一門科學。全球各地區皆有其獨特的生物分布，造成此一現象之原因可能是因生物遷移、氣候變遷、地理障礙隔離或大陸漂移等因素，藉由比對化石或現存生物的生活軌跡以尋找出生物演化的脈絡。例如：某些島嶼存在著其他地方所沒有的獨特物種，但這些獨特物種的許多特徵與鄰近島嶼或大陸的物種有許多相似之處。以啟發達爾文甚多的加拉巴哥群島為例，群島上的動物與生活在南美洲大陸的物種相似，但大多數並不能在地球其他地方發現，此可能即為生物由於某些因素從南美洲大陸遷移至加拉巴哥群島所造成之結果，而且這些地方與其他大陸具有地理障礙隔離性，因此獨特物種在此處演化形成。

解剖學證據

　　科學家可對不同物種的個體解剖，以進行結構比較來推測物種間的演化關係。某些器官即使行使不同功能，但在結構上具有相似的特性，反映出這些物種之間可能具有親緣關係。例如：蝙蝠和鳥類都具有使牠們能夠飛行的結構，這種相似性可能代表著蝙蝠與鳥類的關係比其他不能飛的哺乳類動物的關係更密切。但若仔細以解剖方式深入比較探究時，會發現蝙蝠翼的複雜結構更類似於其他哺乳類動物的前肢，而不是鳥的翅膀，且化石證據也呈現蝙蝠翼和鳥類的翅膀各別獨立演化自不同祖先的前肢。因此，我們可以說蝙蝠翼與其他哺乳類動物的前肢為同源構造，但在功能上因為類似於鳥的翅膀，我們則稱蝙蝠翼和鳥類的翅膀互為同功構造。某些物種還保留部分退化結構的痕跡，例如：人體內還保留著其他動物仍在運作的結構，如尾椎骨等，這些痕跡結構也反映了生物演化的過程與親緣關係的連結。此外，胚胎發育過程的變化觀察，也可透露某些不同物種的親緣關係，例如：在脊椎動物胚胎早期發育階段出現的咽囊結構，不同物種的發育後期則會分別發育成不同的器官構造，例如：魚類咽囊會與其他構造共同發育成鰓，但人類咽囊則發育成與呼吸不相關的耳與咽喉之部分構造。

分子生物學證據

　　DNA 雙股螺旋結構被解密後，分子生物學領域相關之研究與應用蓬勃發展，且觸角也延伸至演化證據之發掘。藉由比對物種間的 DNA 序列相同度以及蛋白質胺基酸序列相同度，能反映演化程度的差異性。以親緣關係為例，由於基因是由數百或數

千個核苷酸所組成的序列，分類學家即可藉由比較長片段的 DNA 甚至整個基因組來評估物種之間的關係。如果兩個生物體的基因核苷酸序列具有高度相同性，則這些基因很可能是同源的，可能來自於相同祖先。換句話說，如果物種的親緣關係密切，則 DNA 序列可能只有一個或幾個不同點。相比之下，親緣關係較遠的物種其 DNA 序列通常在許多位置具有不同的鹼基，甚至可能具有不同的長度。

隨著時間物換星移，DNA 會不斷累積如突變、插入、缺失或重組等現象，從而改變基因序列及長度。舉例來說，細胞色素 C（Cytochrome C）是生物體電子傳遞鏈中一個重要蛋白質，當我們分別比對人類、猴子與馬的細胞色素 C 胺基酸序列時，得到人類與猴子間的序列差異較小，但人類與馬間的序列差異較大，顯示人類的親緣關係較接近猴子。

各式演化證據重建了物種間的親緣演化關係，連帶影響生物分類系統。從早期神創論擁護者亞里斯多德的自然階梯理論、林奈的二界說、五界分類系統演變到現今的三域系統，皆是因為出現越來越多新證據及觀察結果，讓科學界調整分類系統，以更加吻合演化史中真實的親緣關係。

現代生物分類系統創始於林奈，他將生物分成動物界以及植物界，也就是一般所稱呼的二界說，並以二名式命名法及階層式分類法對當時已知動植物進行命名及分類。當時林奈基於對植物的觀察，發現植物具有不同的外型特徵，例如：雄蕊數目的多寡，並可依此為依據當成分類的標準，也定義出了界、綱、目、屬、種的階層式分類系統。後續科學界導入演化概念（當時林奈的分類概念中不包含演化的親緣關係）並沿用此一分類方法，且依實際需求擴充為更全面的界、門、綱、目、科、屬、種分

類階層，讓階層式分類更加完備。

　　在林奈的二界說後，基於許多觀察技術及實驗方法的躍進，例如：光學顯微鏡品質的提升及電子顯微鏡的發明等。科學界發現了以二界說分類系統無法完全反映許多生物與其他物種之間的差異性，因此，逐步衍生出新的分類系統，也就是五界分類系統。在五界分類系統中，除了原先的動物界及植物界外，一些可在顯微鏡下觀察到與動植物有顯著差異且結構簡單的單細胞生物，被歸類為原生生物界。不具有細胞核的生物如細菌被歸類為原核生物界。具有與植物細胞壁成分相異的細胞壁，也不能像植物般行光合作用，而是以異營為營養方式的真菌，則被歸類為真菌界。五界分類系統的基本分類原則大致是根據細胞核有無、單細胞或多細胞、細胞結構的差異，以及獲取營養的方式等架構而成。一般認為，原核生物是物種演化的根源，原生生物則是從原核生物演化而來；而動物、植物及真菌則由原生生物經不同演化路徑而形成。在五界分類系統中，原本細菌及古細菌都是列於原核生物界，但是科學家後續發現兩者的細胞結構有相當程度的差異，且許多古細菌偏好生存於高溫或高鹽的極端環境，與細菌明顯不同，基於親緣關係之證據呈現，因此再度將原核生物界劃分成真細菌界及古細菌界，至此形成六界分類系統。

　　六界分類系統成形後，科學家於分析物種間核糖體 RNA（rRNA）的序列相似度時發現，可將生物物種歸類為細菌域、古細菌域及真核生物域（包含原生生物界、動物界、植物界及真菌界）之三域分類系統。而其演化親緣關係為：細菌首先由共同祖先分支演化而出；然後另一路徑再演化形成古細菌以及真核生物。與細菌相比，古細菌與真核生物的親緣關係更為接近。生物分類系統的演變，皆是基於新證據的顯現，

讓科學界依此調整分類系統，呈現出更符合生物演化史中真實的親緣關係。

　　根據以上化石學、生物地理學、解剖學和分子生物學等物種演化證據，許多早期分類概念逐步被更新。林奈時期評估以物種間特徵型態的相似性來分類，所以，會飛的生物可能會被歸為較近的類別，例如：蝙蝠、鳥，甚至會飛的昆蟲……可能都在相近的類別中。但是，當科學證據逐漸浮現，生物學界發現物種間實際的演化關係，已無法以單純評估相似特徵來分類。蝙蝠與鳥同樣有相近的飛行同功構造（具飛行功能），但科學證據卻顯示蝙蝠翼與哺乳類的前肢為同源構造（同一來源演化而來）。也就是說，外型特徵在兩物種間雖然不相同，但科學證據可協助評估其同源性，因此，可比較多重科學證據，判斷由共同祖先演化形成的同源特徵，重建物種間的親緣演化關係。以鳥類與爬蟲類的親緣關係重建為例，過往因鳥類與爬蟲類外觀差異甚大，且鳥類屬於內溫動物，表面覆蓋羽毛；但爬蟲類為外溫動物，表面則無羽毛或毛髮狀構造。因此在分類上，鳥類被認為與哺乳類動物之親緣關係較近（同樣以內溫機制調控體溫，且表面具羽毛或毛髮等構造），而與爬蟲類之親緣關係較遠。在始祖鳥化石於 19 世紀出土後，顯現始祖鳥除了具有鳥類羽翼構造的特徵外，也發現其齒、爪、骨骼等構造相近於某些恐龍。而後續更多化石證據（如中華龍鳥化石的羽絨構造）顯示，恐龍在鳥類之前已演化出羽毛構造。甚至分子生物學上的證據（DNA 序列及蛋白質胺基酸序列的相同度）也顯現，相較於哺乳類，鳥類與爬蟲類有較近之親緣關係。因此，將鳥類更新分類為恐龍分類次類群的其中一群，與爬蟲類親緣關係較近（與哺乳類相比），是比較合理的分類法。換句話說，也可以藉由牠們所承襲而帶有的特徵推測恐龍的共同祖先。

3-3　生物多樣性

對應課綱	
學習內容	學習內容說明
BGb-Vc-5 在地球上的生物經演化過程而形成目前的生物多樣性。	5-1 生物不斷演化，物種持續出現或滅絕，形成目前的生物多樣性。

　　生命會演化，且只要生命持續存在，演化就會持續進行。因此也造就現今生物物種眾多、如繁星般無法細數之生物多樣性。若將演化之路往回推，發現可能最早的生物證據約為三十五億年前類似原核生物之化石。檢視其呈現的簡單構造，再比對現今生物的複雜度與多樣性，相信任何人都會讚嘆演化之美。然，自然界的生物演變至今，化石證據顯示，許多物種在演化路徑途中，不敵環境變遷而滅絕。也有許多物種戰勝天擇，而持續演化存在。這些過程共同形成了現今生態環境下的生物多樣性。

生物多樣性的意義

　　生物多樣性反映出現今地球上的一切生命在長時間演化的過程下，各自具備不同的特徵以及適應環境的能力。因此，現今每個物種背後都代表著，地球歷經幾十億年所建立而成的特殊基因型態及外觀表徵等的獨特存在。

生物多樣性的危機

　　由於人口快速成長，人類掠奪地球資源，使得自然環境遭到前所未有的累積性破壞，也直接影響到生物多樣性。估計由於人類的活動可能造成每天有上百種物種的滅絕，此滅絕速度堪比以往地球曾發生過的「大滅絕」。全球生物多樣性被快速破壞的危機，也代表著人類將失去大量寶貴資源，以及經由長久演化而產生的獨特物種。物種滅絕的情形若不加以改善，最終也將反撲到同樣為地球成員的人類。保育生物圈的生物多樣性，讓人類發展與地球生態達成平衡，確保人類的永續，相信將是未來每一個地球人的責任。

素養導向試題

一、關於演化理論的發展,法國博物學家拉馬克(Lamarck)最先提出系統性演化理論,他認為環境會改變生物的需求與行為。而後者會使得生物體某些部位被使用的頻率改變。越頻繁的使用使該部位更發達,反之,使該部位退化。拉馬克稱這種用進廢退為他的「第一定律」。拉馬克的第二定律指出,這些改變都是可以遺傳的,稱為獲得性遺傳。由這兩個定律拉馬克認為,生物的演化是基於生物為了適應環境所產生連續且漸進式改變的結果。然而科學家魏斯曼(Weismann)曾經做過一個實驗:將雌、雄的老鼠尾巴都切斷後,再讓其互相交配來產生子代,而生出來的子代再切除了尾巴並進一步互相交配產生下一代。他一直這樣重複進行,至第二十一代的子代仍然有尾巴,魏斯曼嘗試以這樣的實驗去推翻拉馬克的演化理論。

請問魏斯曼的實驗主要是針對拉馬克的哪一個定律?請試著寫下這兩位科學家在此定律上想法上不同的地方。

魏斯曼的實驗主要是針對拉馬克的哪一個定律?	請試著寫下這兩位科學家在此定律上想法上不同的地方。

參考答案

魏斯曼的實驗主要是針對拉馬克的哪一個定律？	請試著寫下這兩位科學家在此定律上想法上不同的地方。
獲得性遺傳	魏斯曼實驗是以人為外力方式去造成改變，與拉馬克所說的生物在一定環境條件下器官逐漸用進廢退是不同的。

對應課綱
tr-Vc-1 能運用簡單的數理演算公式及單一的科學證據或理論，理解自然科學知識或理論及其因果關係，或提出他人論點的限制，進而提出不同的論點。

　　二、遺傳多樣性是指生物的物種或族群所保有的基因型（genotypes）及對偶基因（alleles）的多樣性，在 DNA 序列上所呈現的個體間或族群間的差異即代表著不同程度的遺傳變異，遺傳多樣性的估算，可藉由許多種指標加以評估。其中，FST 遺傳分化指數可讓我們了解族群中的遺傳多樣性。當族群分化程度 FST < 0.05，表示族群間幾乎沒有遺傳分化；若 0.05 < FST < 0.15，表示族群間的分化程度低等；若 0.15 < FST < 0.25，表示族群間屬於中度分化；若 FST > 0.25，表示族群間屬於高度分化。

　　某研究生採集了不同地點的玉山圓柏，包含合歡山、玉山、秀姑巒山、塔關山、三叉山、向陽山及嘉明湖，並進行族群之間的 FST 分析，如下表。

	合歡山	玉山	秀姑巒山	塔關山	三叉山	向陽山	嘉明湖
合歡山	0						
玉山	0.12887	0					
秀姑巒山	0.15369	0.30061	0				
塔關山	0.08153	0.28488	0.09552	0			
三叉山	0.12140	0.00868	0.21234	0.12367	0		
向陽山	0.24250	0.12272	0.25733	0.17969	0.06986	0	
嘉明湖	0.23230	0.09774	0.1767	0.20758	0.06586	0.03979	0

資料來源：玉山國家公園管理處委託研究報告 —— 玉山國家公園植物微衛星 DNA 之分析及資料庫之建立。

　　若依據上表分析結果繪製玉山圓柏不同族群的親緣關係圖，請填寫各項代號最可能代表的族群（合歡山、塔關山、向陽山及嘉明湖 ）。

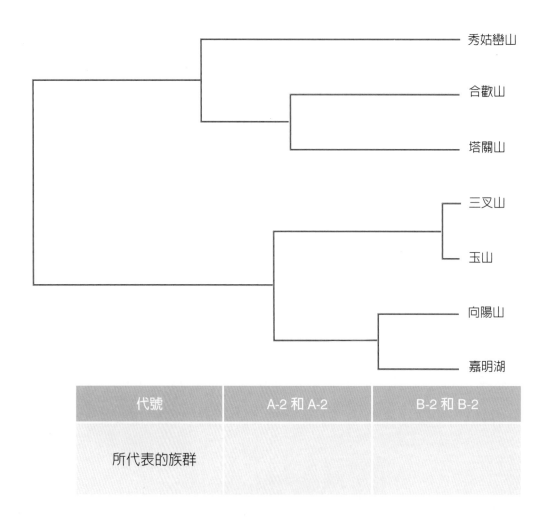

代號	A-2 和 A-2	B-2 和 B-2
所代表的族群		

參考答案

代號	A-2 和 A-2	B-2 和 B-2
所代表的族群	塔關山和合歡山	向陽山及嘉明湖

解析

由於 A-1 和 A-2 族群與秀姑巒山的族群親緣關係最為接近，所以依照表格的數據來判斷，與秀姑巒山 FST 較小的為塔關山與合歡山的玉山圓柏族群。

對應課綱

pa-Vc-2 能運用科學原理、思考智能、數學、統計等方法，從探究所得的資訊或數據，形成解釋、理解、發現新知、獲知因果關係、理解科學相關的社會議題、解決問題或是發現新的問題。並能將自己的探究結果和同學的結果或其他相關的資訊比較對照，相互檢核，確認結果。

§ 參考文獻 §

《學測物理（上）：科學態度與方法、物質與運動》，施百俊、許華書、盧政良，五南圖書出版。

《學測物理（下）：電磁、能量與量子》，施百俊、許華書、盧政良，五南圖書出版。

《科技想要什麼》，凱文·凱利，貓頭鷹出版。

《自私的基因》，理查·道金斯，天下文化出版。

《生命之源：能量、演化與複雜生命的起源》，尼克·連恩，貓頭鷹出版。

《全世界最感人的生物學：用力的活，燦爛的死》，稻垣榮洋，圓神出版。

《資訊：一段歷史、一個理論、一股洪流》，詹姆斯·葛雷易克，衛城出版。

國家圖書館出版品預行編目（CIP）資料

學測生物：文、理組跨領域，超高 CP 搶分科目！/ 黃鐘慶，
馬世璋，施百俊著 . -- 初版 . -- 臺北市：五南圖書出版股
份有限公司，2022.05
面；　公分

ISBN 978-626-317-696-6（平裝）

1.CST: 生物　2.CST: 中等教育

524.36　　　　　　　　　　　　　　　　111002910

學習高手系列**206**

ZC1C

學測生物：文、理組跨領域，超高CP搶分科目！

作　　　者 － 黃鐘慶、馬世璋、施百俊（159.6）
發 行 人 － 楊榮川
總 經 理 － 楊士清
總 編 輯 － 楊秀麗
副總編輯 － 黃文瓊
責任編輯 － 陳俐君、李敏華
封面設計 － 姚孝慈
出 版 者 － 五南圖書出版股份有限公司
地　　　址：106 臺北市大安區和平東路二段 339 號 4 樓
電　　　話：(02) 2705-5066　　傳　　真：(02) 2706-6100
網　　　址：https://www.wunan.com.tw
電子郵件：wunan@wunan.com.tw
劃撥帳號：01068953
戶　　　名：五南圖書出版股份有限公司
法律顧問　林勝安律師事務所　林勝安律師
出版日期　2022 年 5 月初版一刷
定　　　價　新臺幣 300 元

經典永恆・名著常在

五十週年的獻禮——經典名著文庫

五南，五十年了，半個世紀，人生旅程的一大半，走過來了。
思索著，邁向百年的未來歷程，能為知識界、文化學術界作些什麼？
在速食文化的生態下，有什麼值得讓人雋永品味的？

歷代經典・當今名著，經過時間的洗禮，千錘百鍊，流傳至今，光芒耀人；
不僅使我們能領悟前人的智慧，同時也增深加廣我們思考的深度與視野。
我們決心投入巨資，有計畫的系統梳選，成立「經典名著文庫」，
希望收入古今中外思想性的、充滿睿智與獨見的經典、名著。
這是一項理想性的、永續性的巨大出版工程。
不在意讀者的眾寡，只考慮它的學術價值，力求完整展現先哲思想的軌跡；
為知識界開啟一片智慧之窗，營造一座百花綻放的世界文明公園，
任君遨遊、取菁吸蜜、嘉惠學子！